머리말

　최근 '국어'가 대학 수학 능력(수〰〰〰〰〰〰〰〰〰〰〰로 등장하였습니다. '국어' 공부를 하지 않으면 원하는 〰〰〰〰〰〰〰〰〰미래를 보장받을 수 없다는 생각을 하기 시작하였습니다. 그렇지만 '국어' 실력을 쌓기 위하여 무엇을, 언제, 어떻게 해야 하는지 아는 사람은 많지 않습니다.

　'국어' 실력과 국어적 사고력은 짧은 시간 동안 빠르게 향상시킬 수 있는 것이 아닙니다. 그렇기 때문에 엄마 뱃속에 있을 때부터 이야기를 접하고, 태어나면서 그림동화를 비롯하여 여러 분야의 책을 단계적으로 접하여 각 분야의 배경지식을 확장해 나가야 합니다. 그리고 여러 배경지식을 바탕으로 다양한 유형의 글이나 말로 표현해 봄으로써 '국어' 실력을 쌓을 수 있습니다.

　그러기 위해서 가장 기초적이고 기본적인 것이 제때 한글을 바르게 읽고 쓸 수 있는 능력을 잘 갖추는 것입니다. 『또바기와 모도리의 야무진 한글(또모야)』은 바로 이러한 생각을 바탕으로 편찬한 것입니다. 『또모야』를 통하여 한글을 터득하는 데에는 그리 오래 시간이 걸리지 않을 것입니다. 훈민정음 해례본에서는 '훈민정음(한글)'은 "슬기로운 사람은 하루아침에 배울 수 있고, 어리석은 자도 열흘이면 배울 수 있다."라고 하였습니다. 이 책을 공부하는 사람은 대부분 그러한 경험을 할 수 있을 것입니다.

　『또모야』는 '4권-15대단원-73소단원'으로 구성되어 있으며, 각 소단원은 '왜 그럴까요→한 걸음, 두 걸음→실력이 쑥쑥→더 나아가기→글씨 쓰기 연습(부록)'으로 심화하였습니다. 한글을 처음 배우는 학습자들이 이 단계를 밟아 가면 한글과 한글 받아쓰기를 쉽게 익힐 수 있습니다. 이뿐만이 아니라 각 소단원에서 제시하고 있는 '원리'나 '규칙'을 이해해 가는 각 과정을 통하여 4차 산업혁명 시대가 요구하는 '국어적 사고력'을 기를 수 있습니다. 나아가 초등학교 교과서에 자주 등장하는 기본 어휘를 큐아르(QR) 코드, 소리, 그림, 만화, 놀이, 게임, 노래, 이야기 등을 통하여 쉽게 익혀, 초등학교 교과 학습에 필요한 국어 실력을 기를 수 있습니다.

　한글과 한국어는 일상생활과 교과 학습을 위한 기초적이고 기본적인 도구입니다. 한글을 처음 접하는 시기에 쉽고 재미있게 공부하고, 우리 글과 말에 흥미를 갖도록 하는 것은 일상생활에 필요한 의사소통 능력은 물론이고 교과 학습과 전문적인 직업 세계에 요구되는 국어 실력, 국어적 사고 능력을 길러 주는 기반이 됩니다. 『또모야』로 우리 말과 글에 흥미도 가지고 기초적이고 기본적인 국어 능력도 다지시기를 바랍니다.

이병규

학습 내용과 방법의 효과를 검증하였습니다.

『또모야』에서 구현하고 있는 학습 내용과 방법은 초등학교 1학년 학생들에게 적용하여 그 효과가 탁월하다는 것을 논문으로 검증한 후, 그 결과를 바탕으로 전권을 개발하였습니다.

한글 자음자와 모음자를 쉽게 배울 수 있습니다.

훈민정음 해례본에서는 '훈민정음(한글)'은 "슬기로운 사람은 하루아침에 배울 수 있고, 어리석은 자도 열흘이면 배울 수 있다."라고 했습니다. 그 이유는 상형(象形), 가획(加劃), 합용(合用)의 원리로 훈민정음을 만들었기 때문입니다.

기본 자음자 'ㄱ, ㄴ, ㅁ, ㅅ, ㅇ'과 기본 모음자 'ㆍ, ㅡ, ㅣ'를 '상형'[발음 기관과 천지인(天地人)을 본 땀]의 원리에 따라 만들고, 각각을 가획(획을 더함: ㄴ → ㄷ → ㅌ)과 합용(기본 글자를 서로 더함: ㆍ + ㅣ → ㅓ)'의 원리로 문자를 확장해 갔기 때문에, 이 세 원리를 알면 한글을 쉽게 익힐 수 있습니다.『또모야』1권, 2권에서는 이 세 가지 원리를 초등학생 인지 수준에 맞게 재해석하여 자음자, 모음자를 쉽게 익힐 수 있도록 31단계로 세분하였습니다.

한글 받아쓰기를 쉽게 익힐 수 있습니다.

『또모야』의 2권, 3권, 4권에서는 받아쓰기 학습에서 어려움을 겪는 말들(걸음[거름], 같이[가치], 학교[학꾜])을 익히기 위하여 그 위계를 42단계로 세분하였습니다. 받아쓰기 위계는 학습자의 인지 발달 수준에 맞게 한글 맞춤법을 재해석하여 구성하였습니다. 그리고 그 표기와 일치하지 않는 '표준 발음'을 큐아르(QR) 코드와 연결하여 글자와 발음을 비교하며 익힐 수 있도록 하였습니다. 이런 방식의 교재 구성은『또모야』가 최초라고 할 수 있습니다.

학습 단계가 매우 체계적입니다.

『또모야』는 모두 4권으로 분권되어 있으며, 대단원 15개 단계와 소단원 73개 단계로 체계화되어 있습니다. 각 소단원은 '왜 그럴까요 → 한 걸음, 두 걸음 → 실력이 쑥쑥 → 더 나아가기 → 글씨 쓰기 연습(부록)'으로 구성하여, 학습 내용을 쉬운 것에서 어려운 것으로, 단순한 것에서 복잡한 것으로, 낱말에서 구·문장으로 확장하였습니다.

재미있게 공부할 수 있습니다.

『또모야』는 추상적인 언어적 설명보다 교과서 수준에 버금가는 삽화나, 만화, 게임, 노래, 이야기, 십자풀이, 소리 등을 활용하였습니다. 특히 큐아르(QR) 코드를 활용하여 발음을 직접 듣고, 발음할 때 입모양의 변화를 확인할 수 있습니다.

스토리텔링 기법을 도입하여 흥미 있게 공부할 수 있습니다.

스토리텔링(story-telling) 기법을 도입하여 '모도리'와 '또바기'라는 등장인물을 설정하고 이들이 1권부터 4권까지 학습을 이끌어 가는 과정을 이야기화하여 학습자들이 흥미 있게 공부하고 오랜 시간 집중할 수 있습니다.

초등학생들을 가르친 경험이 풍부한 최고의 전문가들이 만들었습니다.

『또모야』의 저자들은 초등 국어 교육 및 한글 교육의 전문가이며, 초등학교에서 오랫동안 국어와 한글을 가르쳐 온 현장 전문가로, 이론과 교육 현장의 경험을 겸비하고 있습니다.

학습 어휘는 국어·사회·과학 등의 교과서에서 선정하였습니다.

『또모야』에서 사용하고 있는 낱말, 구, 문장 대부분은 초등학교 교과서와 초등학생용 국어사전을 바탕으로 하였습니다. 교과서에 나타나는 어휘를 빈도별로 정리한 국립국어원의『초등학교 교과서 어휘 빈도 조사』에서 어휘를 선정하고 초등학생용 국어사전과 교차 검토를 한 후, 의미적 난이도와 형태적 난이도를 고려하여 학습 어휘를 위계화하였습니다. 그래서 사회·과학 등 다른 과목 학습을 위한 배경지식도 넓힐 수 있습니다.

원리 학습을 통하여 사고력을 기를 수 있습니다.

『또모야』는 각 단원을 공부해 가는 과정에서 스스로 생각하여 문제를 해결할 수 있도록 구성함으로써, 인공지능(AI)으로 대표되는 4차 산업혁명 시대의 인재가 갖추어야 할 국어적 사고력을 기를 수 있습니다.

전권 내용 보기

이렇게 활용해요

단원을 시작하며

7장

'받침소리' 넘어 가기와 쓰기 마법

· 받침소리가 넘어가는 말의 올바른 쓰기 방법을 알아봅시다.

받침이 o을 빵차고 있어!

대단원(15개)의 도입 활동으로, 공부할 내용을 재미있는 이야기와 그림을 통하여 떠올리는 활동입니다.

한 걸음, 두 걸음

받침이 뒤 글자로 넘어가 소리 나요(걸음/거름)

1 소리 내어 읽고, 위치가 달라지는 자음자를 찾아 ○표 해 봅시다. 그리고 나서 빈칸에 따라 써 봅시다.

위치가 달라진 자음자

[어리니] (ㄹ , ㄴ)

어린이 → 어린이

[   ] (ㅁ , ㄱ)

먹이 → 먹이

[   ] (ㅅ , ㅁ)

웃음 → 웃음

[   ] (ㄴ , ㅍ)

높이 → 높이

98

소단원에서 공부할 받아쓰기 핵심 요소를 그림, 소리와 함께 학습할 수 있습니다. 그리고 글씨 쓰기 공책에 연습할 수 있습니다.

실력이 쑥쑥

받침이 뒤 글자로 넘어가 소리 나요(물을/무를)

1 배운 내용을 생각하며, 틀린 글자를 바르게 고쳐 써 봅시다.

까만 저미
까만 □□

빨간 꼬치 피었어요.
빨간 □□ 피었어요.

선생니믄 친절하시다.
□□□ 친절 하시다.

무르플 다치다.
□□□ 다치다.

108

받아쓰기 핵심 요소를 그림, 노래, 이야기와 함께 문맥 속에서 심화 학습을 할 수 있습니다. 그리고 글씨 쓰기 공책에 연습할 수 있습니다.

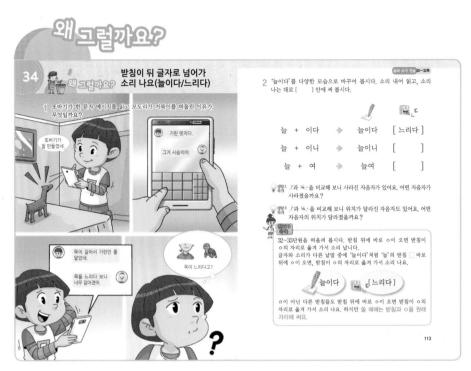

소단원(73개) 학습을 위한 도입 활동으로, 소단원의 공부할 문제를 그림이나 만화를 통하여 떠올리고, 받아쓰기 원리를 깨칩니다.

더 나아가기

배운 내용을 재미있는 활동으로 정리하고, 선생님이나 부모님이 불러 주는 주요 표현을 받아쓰기 활동을 통하여 보충·심화합니다. 주요 표현은 정답지에 제시합니다. 그리고 글씨 쓰기 공책에 연습할 수 있습니다.

학습 도우미

학습 도우미가 어떤 일을 하는지 알아봅시다.

＋ 원리가 쏙쏙

모도리가 한글 학습을 위한 핵심 원리를 가르쳐 줍니다. '모도리'는 우리말로 '빈틈없이 아주 야무진 사람'을 뜻합니다.

＋ 이렇게 정리해요

또바기가 배운 내용을 정리합니다. '또바기'는 '언제나 한결같이'를 뜻합니다.

＋ 생각하기

자기 주도적으로 원리를 깨치도록 이끄는 생각 키우기 질문입니다.

＋ 글자 쓰기

학습 대상의 글자 형태를 나타냅니다.

＋ 소리와 발음

학습 대상의 발음을 나타냅니다.

＋ 생각 고리

본 학습에 도움이 되는 관련 소단원을 나타냅니다.

＋ QR 코드

'표준 발음'을 큐아르(QR) 코드와 연결하여 글자와 발음을 비교하며 익힐 수 있습니다.

차례

5장

복합 모음자와 소리

· 복합 모음자의 모양과 소리를 알아봅시다.

모음자처럼 생겼네.

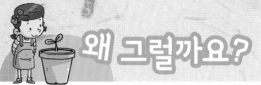 왜 그럴까요? ㅐ, ㅔ를 알아봅시다

1 또바기의 문자 메시지에서 무엇이 잘못되었는지 생각해 봅시다.

2 소리 내어 따라 읽고 ㅐ, ㅔ의 소리를 비교해 봅시다.

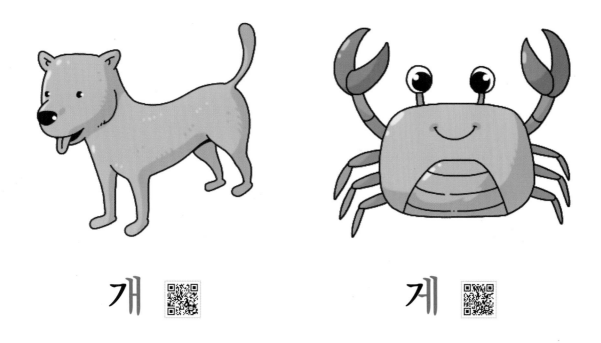

개    게

💡 생각 하기1 ㅐ, ㅔ의 모양을 비교해 보세요. 비슷한 점은 무엇인가요?

💡 생각 하기2 ㅐ, ㅔ의 모양에서 다른 점은 무엇인가요?

💡 생각 하기3 ㅐ, ㅔ가 있는 글자를 소리 내어 따라 읽어 봅시다. 소리가 어떻게 다른가요?

원리가 쏙쏙

ㅐ, ㅔ는 앞에서 배운 모음자를 합쳐서 만들어요.

$$ㅏ + ㅣ = ㅐ$$

$$ㅓ + ㅣ = ㅔ$$

한 걸음, 두 걸음 ㅐ, ㅔ를 알아봅시다

1 ㅐ, ㅔ의 이름을 따라 읽고, 쓰는 순서를 알아봅시다.

ㅐ	ㅐ
애	애

ㅔ	ㅔ
에	에

2 ㅐ, ㅔ의 이름을 소리 내어 말하고, 선으로 이어 봅시다.

ㅐ •	• 메
	• 매
ㅔ •	• 애
	• 에

3 ㅐ의 소리를 알아봅시다. 소리 내어 따라 읽고, 따라 써 봅시다.

4 ㅔ의 소리를 알아봅시다. 소리 내어 따라 읽고, 따라 써 봅시다.

실력이 쑥쑥 ㅐ, ㅔ를 알아봅시다

그림에 알맞은 낱말이 되도록 빈칸을 채워 봅시다.

ㅎ

무 지 ㄱ

ㅂ ㄱ

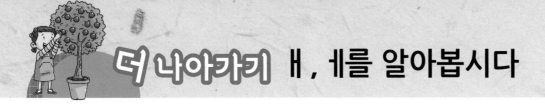

더 나아가기 ㅐ, ㅔ를 알아봅시다

1 ㅐ가 들어간 낱말을 찾아 색칠해 봅시다.

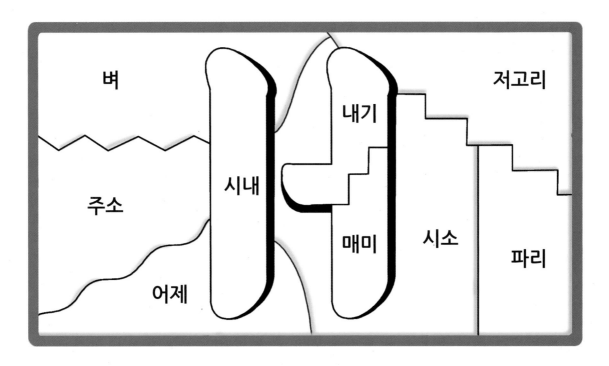

벼
저고리
내기
시내
주소
매미
시소
파리
어제

2 ㅔ가 들어간 낱말을 찾아 색칠해 봅시다.

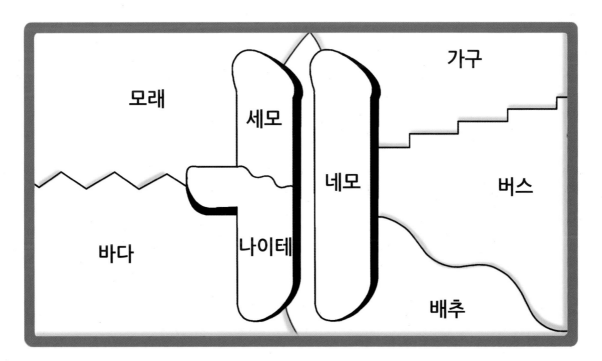

가구
모래
세모
네모
버스
바다
나이테
배추

왜 그럴까요? ㅐ, ㅔ를 알아봅시다

1 그림 속에 숨어 있는 ㅐ, ㅔ를 찾아 ○표 해 봅시다.

2 소리 내어 따라 읽고 ㅐ, ㅖ의 소리를 비교해 봅시다.

개 ▦   시계 ▦

💡 **생각하기1** ㅐ, ㅖ의 모양을 비교해 보세요. 비슷한 점은 무엇인가요?

💡 **생각하기2** ㅐ, ㅖ의 모양에서 다른 점은 무엇인가요?

💡 **생각하기3** ㅐ, ㅖ가 있는 큰 글자만 소리 내어 따라 읽어 봅시다. 소리가 어떻게 다른가요?

원리가 쏙쏙

ㅐ, ㅖ는 앞에서 배운 모음자를 합쳐서 만들어요.

ㅑ + ㅣ = ㅒ ▦ ▦

ㅕ + ㅣ = ㅖ ▦ ▦

한걸음, 두걸음 ㅒ, ㅖ를 알아봅시다

1 ㅒ, ㅖ의 이름을 따라 읽고, 쓰는 순서를 알아봅시다.

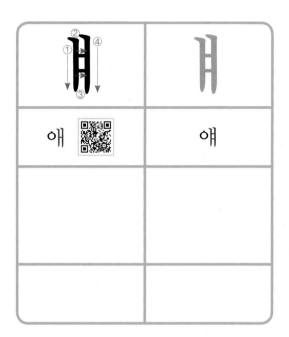

2 ㅒ, ㅖ의 이름을 소리 내어 말하고, 선으로 이어 봅시다.

3 ㅒ의 소리를 알아봅시다. 소리 내어 따라 읽고, 따라 써 봅시다.

4 ㅞ의 소리를 알아봅시다. 소리 내어 따라 읽고, 따라 써 봅시다.

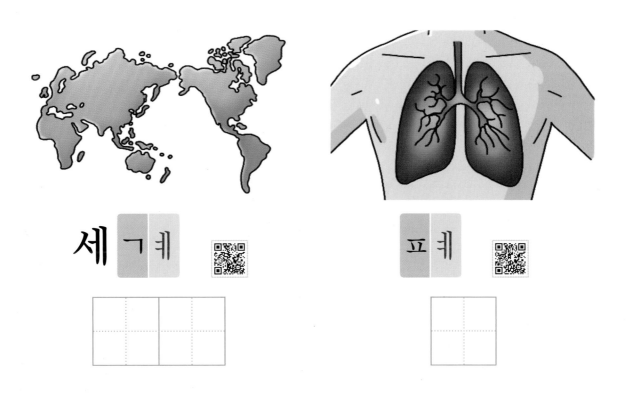

실력이 쑥쑥 ㅐ, ㅔ를 알아봅시다

❓ 그림에 알맞은 낱말이 되도록 빈칸을 채워 봅시다.

# 더 나아가기 ㅐ, ㅖ를 알아봅시다

1 ㅐ가 들어간 낱말을 찾아 색칠해 봅시다.

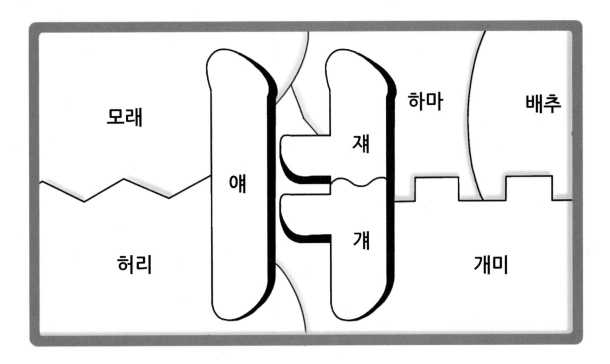

2 ㅖ가 들어간 낱말을 찾아 색칠해 봅시다.

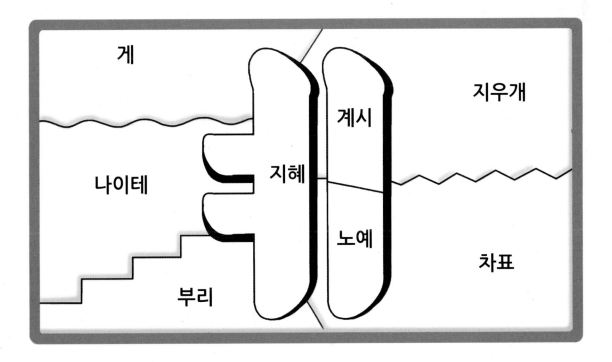

23

1 또바기의 고민을 어떻게 해결할 수 있을지 생각해 봅시다.

2 글자의 짜임을 생각하며, 또바기의 고민을 해결해 봅시다.

💡**생각
하기1** ㅇ은  짜임에서 어느 색 칸에 들어가나요?

💡**생각
하기2** ㅡ는 짜임 중 어느 것에 속하나요?

💡**생각
하기3** ㅣ는 짜임 중 어느 것에 속하나요?

위에서 고른 2개의 짜임을 하나로 합쳐 봅시다.

의

☞ 글자의 균형을 맞추기 위해
ㅣ를 길게 내려 써요.

ㅢ는 앞에서 배운 모음자를 합쳐서 만들어요.

$$ㅡ + ㅣ = ㅢ$$

ㅢ는 소리도 ㅡ와 ㅣ의 소리를 합쳐 [의]로 내요.

25

1 ㅢ의 이름을 따라 읽고, 쓰는 순서를 알아봅시다.

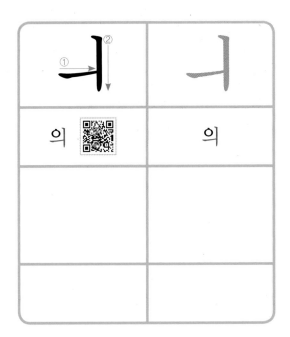

2 ㅢ의 이름을 소리 내어 말하고, 선으로 이어 봅시다.

희

믜

의

3 소리 내어 따라 읽고, ㅢ의 소리를 비교해 봅시다.

의자   예의   무늬   꽃의 향기

 4개의 큰 글자에 공통으로 들어 있는 모음자는 무엇인가요?

로 각 낱말의 소리를 듣고 ㅢ의 소리에 어떤 차이가 있는지 생각해 봅시다.

원리가 쏙쏙

ㅢ는 쓰이는 자리에 따라 소리가 달라져요.
'의자'의 '의'처럼 'ㅢ'가 낱말의 맨 앞에 오면 [ㅡ]와 [ㅣ]를 합쳐 [의]로 소리 내요.
'예의'의 '의'처럼 'ㅢ'가 낱말에서 뒤에 오면 [의]나 [이]로 소리 내요.
ㅢ가 '늬'에서는 [이]로만 소리 나요.
'꽃의 향기'처럼 낱말과 낱말을 연결하는 자리에 오면 [의]나 [에]로 소리 내요.
원리가 쏙쏙에서 배운 내용을 생각하며 3의 를 다시 한 번 듣고 따라 읽어 봅시다.

4 ㅢ가 가장 앞자리에 올 때, ㅢ의 소리를 알아봅시다. 소리 내어 따라 읽고, 따라 써 봅시다.

의사

의지

5 ㅢ가 가장 앞자리에 있지 않을 때, ㅢ의 소리를 알아봅시다. 소리 내어 따라 읽고, 따라 써 봅시다.

예의

주의

6 ㅢ가 '늬'나 '희'로 쓰일 때, ㅢ의 소리를 알아봅시다. 소리 내어 따라 읽고, 따라 써 봅시다.

무늬

너희

7 ㅢ가 낱말과 낱말을 연결할 때, ㅢ의 소리를 알아봅시다. 소리 내어 따라 읽고, 따라 써 봅시다.

나의

우리의 미소

실력이 쑥쑥 ㅢ를 알아봅시다

❓ 그림에 어울리도록 빈칸을 채우고, 소리 내어 읽어 봅시다.

더 나아가기 —ㅣ를 알아봅시다

❓ 악어를 보고 깜짝 놀란 또바기가 배를 타고 도망가려고 해요. 'ㅢ'가 들어간 글자만 따라가 배까지 가 봅시다.

예의

이리

의리

희귀

이미

의미

아귀

또바기의 꼬리

왜 그럴까요? ㅚ, ㅟ를 알아봅시다

1 그림 속에 숨어 있는 ㅚ, ㅟ를 찾아 ○표 해 봅시다.

2 소리 내어 따라 읽고 ㅚ, ㅟ의 소리를 비교해 봅시다.

죄   쥐

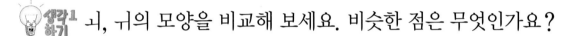 ㅚ, ㅟ의 모양을 비교해 보세요. 비슷한 점은 무엇인가요?

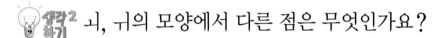 ㅚ, ㅟ의 모양에서 다른 점은 무엇인가요?

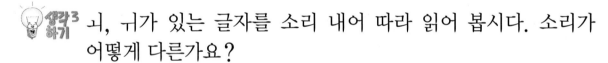 ㅚ, ㅟ가 있는 글자를 소리 내어 따라 읽어 봅시다. 소리가 어떻게 다른가요?

ㅚ, ㅟ는 앞에서 배운 모음자를 합쳐서 만들어요.

$$ㅗ + ㅣ = ㅚ$$

ㅚ는 ㅗ와 ㅣ의 소리를 합쳐서 [외]로 소리 내요.

$$ㅜ + ㅣ = ㅟ$$

ㅟ는 ㅜ와 ㅣ의 소리를 합쳐서 [위]로 소리 내요.

33

한 걸음, 두 걸음 ㅚ, ㅟ를 알아봅시다

1 ㅚ, ㅟ의 이름을 따라 읽고, 쓰는 순서를 알아봅시다.

ㅚ	ㅚ
외 	외

ㅟ	ㅟ
위	위

2 ㅚ, ㅟ의 이름을 소리 내어 말하고, 선으로 이어 봅시다.

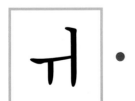

ㅚ •

ㅟ •

• 외

• 뮈

• 뫼

• 위

3 ㅚ의 소리를 알아봅시다. 소리 내어 따라 읽고, 따라 써 봅시다.

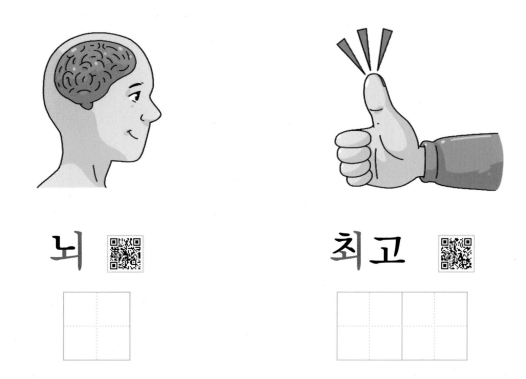

뇌

최고

4 ㅟ의 소리를 알아봅시다. 소리 내어 따라 읽고, 따라 써 봅시다.

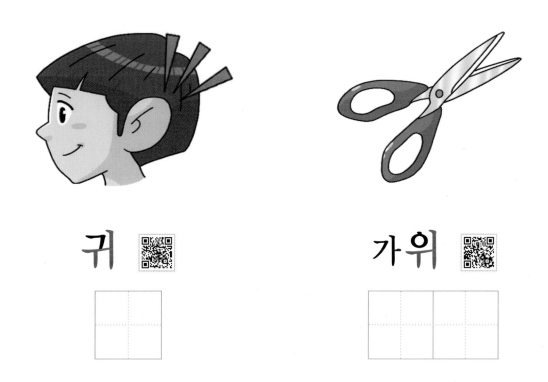

귀

가위

❓ 이솝우화 「해와 바람」의 한 장면입니다. 그림에 알맞은 낱말이 되도록 빈칸을 채워 봅시다.

추ㅇ

더ㅇ

ㅇ투

바ㅇ

더 나아가기 ㅚ, ㅟ를 알아봅시다

1 ㅚ가 들어간 낱말을 찾아 색칠해 봅시다.

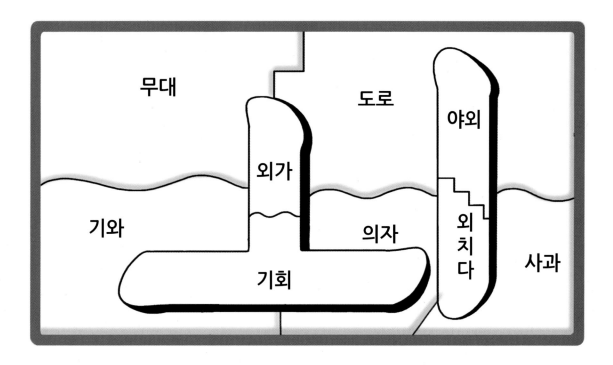

무대

도로

야외

외가

외치다

기와

의자

기회

사과

2 ㅟ가 들어간 낱말을 찾아 색칠해 봅시다.

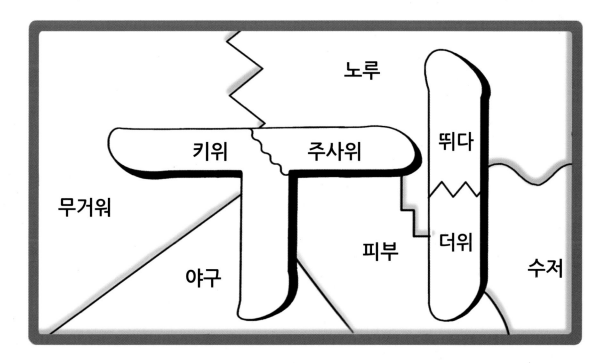

노루

키위

주사위

뛰다

무거워

피부

더위

야구

수저

왜 그럴까요? ᅪ, ᅯ를 알아봅시다

1 그림 속에 숨어 있는 ᅪ, ᅯ를 찾아 ○표 해 봅시다.

2 소리 내어 따라 읽고 ㅘ, ㅝ의 소리를 비교해 봅시다.

기와   무거워

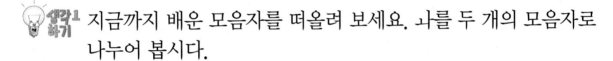 지금까지 배운 모음자를 떠올려 보세요. ㅘ를 두 개의 모음자로 나누어 봅시다.

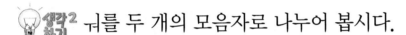 ㅝ를 두 개의 모음자로 나누어 봅시다.

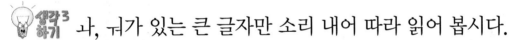 ㅘ, ㅝ가 있는 큰 글자만 소리 내어 따라 읽어 봅시다.

 원리가 쏙쏙

ㅘ, ㅝ는 앞에서 배운 모음자를 합쳐서 만들어요.

$$ㅗ + ㅏ = ㅘ$$

ㅘ는 ㅗ와 ㅏ의 소리를 합쳐서 [와]로 소리 내요.

$$ㅗ + ㅓ = ㅝ$$

ㅝ는 ㅜ와 ㅓ의 소리를 합쳐서 [워]로 소리 내요.

1 ㅘ, ㅝ의 이름을 따라 읽고, 쓰는 순서를 알아봅시다.

과	과
와 	와

궈	궈
워 	워

2 ㅘ, ㅝ의 이름을 소리 내어 말하고, 선으로 이어 봅시다.

과 •

궈 •

• 워

• 어

• 꽈

• 와

3 과의 소리를 알아봅시다. 소리 내어 따라 읽고, 따라 써 봅시다.

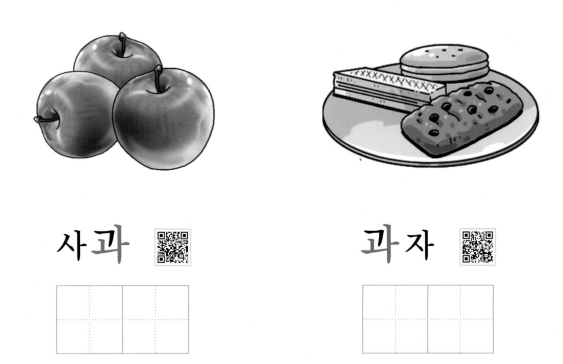

사과

과자

4 ㅟ의 소리를 알아봅시다. 소리 내어 따라 읽고, 따라 써 봅시다.

뭐야

줘

1 ㅘ가 들어간 낱말을 찾아 색칠해 봅시다.

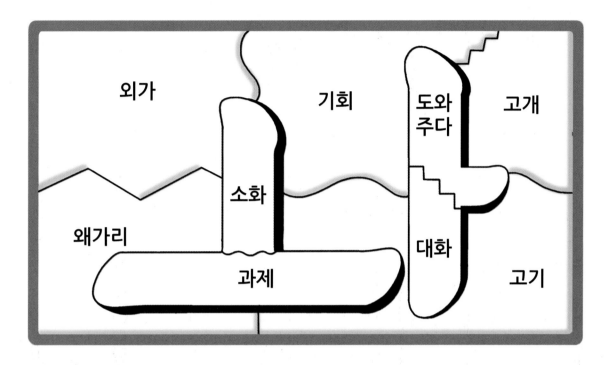

외가 기회 도와주다 고개

소화

왜가리 대화

과제 고기

2 ㅝ가 들어간 낱말을 찾아 색칠해 봅시다.

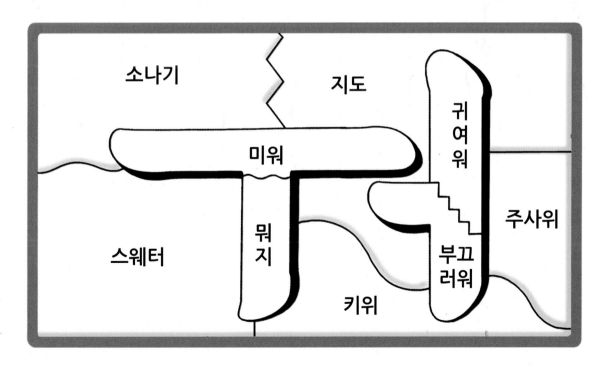

소나기 지도 귀여워

미워

뭐지 주사위

스웨터 부끄러워

키위

왜 그럴까요? **ㅙ, ㅞ를 알아봅시다**

1 그림 속에 숨어 있는 ㅙ, ㅞ를 찾아 ○표 해 봅시다.

2 소리 내어 따라 읽고 ㅙ, ㅞ의 소리를 비교해 봅시다.

왜가리

스웨터

생각하기1 지금까지 배운 모음자를 떠올려 보세요. ㅙ를 두 개의 모음자로 나누어 봅시다.

생각하기2 ㅞ를 두 개의 모음자로 나누어 봅시다.

생각하기3 ㅙ, ㅞ가 있는 큰 글자만 소리 내어 따라 읽어 봅시다.

ㅙ, ㅞ는 앞에서 배운 모음자를 합쳐서 만들어요.

$$ㅗ + ㅐ = ㅙ$$

ㅙ는 ㅗ와 ㅐ의 소리를 합쳐서 [왜]로 소리 내요.

$$ㅜ + ㅔ = ㅞ$$

ㅞ는 ㅜ와 ㅔ의 소리를 합쳐서 [웨]로 소리 내요.

한 걸음, 두 걸음 ㅙ, ㅞ를 알아봅시다

1 ㅙ, ㅞ의 이름을 따라 읽고, 쓰는 순서를 알아봅시다.

ㅙ	ㅙ	ㅞ	ㅞ
왜 	왜	웨 	웨

2 ㅙ, ㅞ의 이름을 소리 내어 말하고, 선으로 이어 봅시다.

ㅙ •

ㅞ •

• 외

• 웨

• 위

• 왜

3 ㅙ의 소리를 알아봅시다. 소리 내어 따라 읽고, 따라 써 봅시다.

돼지 인쇄

4 ㅞ의 소리를 알아봅시다. 소리 내어 따라 읽고, 따라 써 봅시다.

궤도 퉤퉤

❓ 그림에 알맞은 낱말이 되도록 빈칸을 채워 봅시다.

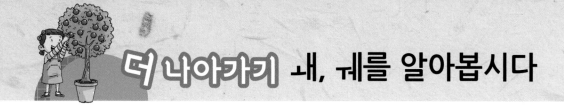

또바기가 화장실을 가고 싶어해요. 'ㅐ', 'ㅖ'가 들어간 말만 찾아 길을 따라가 화장실까지 가 봅시다.

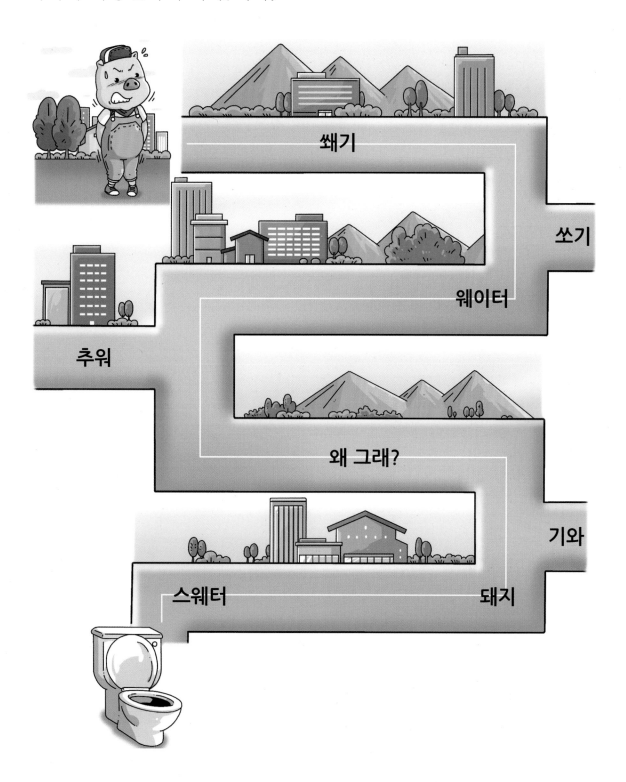

쐐기

쏘기

웨이터

추워

왜 그래?

기와

스웨터

돼지

6장

받침과 소리

- 받침과 받침의 소리를 알아봅시다.

25

왜 그럴까요? 받침 ㅇ을 알아봅시다

❓ 그림에 맞는 두 낱말을 비교해 봅시다.

코

콩

💡생각1 두 낱말의 모양을 비교해 봅시다. 무엇이 다른가요?

💡생각2 두 낱말을 소리 내어 따라 읽어 봅시다. 소리가 어떻게 다른가요?

한 걸음, 두 걸음 받침 ㅇ을 알아봅시다

1 ⬜⬜ 짜임의 받침 ㅇ이 있는 낱말을 알아봅시다. 소리 내어 따라 읽고, 따라 써 봅시다.

사탕

호랑이

구멍

사랑

2 ▮▮ 짜임의 받침 ㅇ이 있는 낱말을 알아봅시다. 소리 내어 따라 읽고,
따라 써 봅시다.

보기

ㄱ
ㅗ
→
ㄱ
ㅗ
ㅇ

등

통

자동차

홍시

실력이 쑥쑥 받침 ㅇ을 알아봅시다

1 ▢ 짜임의 받침 ㅇ이 있는 낱말을 알아봅시다. 소리 내어 따라 읽고, 따라 써 봅시다.

여왕

횡단보도

2 받침 ㅇ이 있는 글자의 짜임이 같은 것끼리 선으로 이어 봅시다.

청소

윙윙

공주

강

왕관

동물

더 나아가기 받침 ㅇ을 알아봅시다

? 받침 ㅇ을 붙여 만들어지는 글자를 빈칸에 써 봅시다.

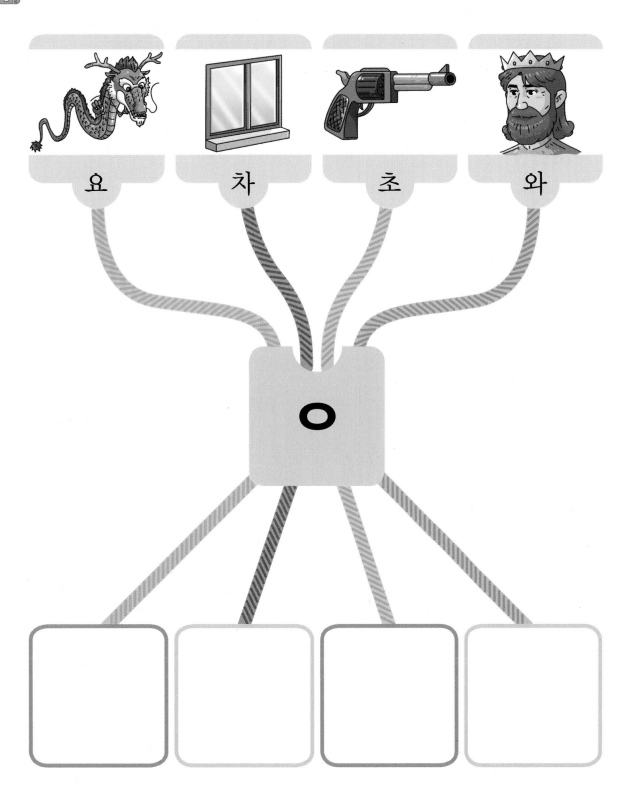

요　　차　　초　　와

ㅇ

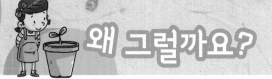

26

왜 그럴까요? **받침 ㄱ을 알아봅시다**

? 그림에 맞는 두 낱말을 비교해 봅시다.

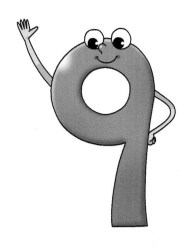

구

국

💡 생각하기1 두 낱말의 모양을 비교해 봅시다. 무엇이 다른가요?

💡 생각하기2 두 낱말을 소리 내어 따라 읽어 봅시다. 소리가 어떻게 다른가요?

한 걸음, 두 걸음 받침 ㄱ을 알아봅시다

1 ☐☐ 짜임의 받침 ㄱ이 있는 낱말을 알아봅시다. 소리 내어 따라 읽고, 따라 써 봅시다.

보기

| ㅊ | ㅐ | → | ㅊ ㅐ |
| | | | ㄱ |

치약

미역

저녁

생각

2 ▢ 짜임의 받침 ㄱ이 있는 낱말을 알아봅시다. 소리 내어 따라 읽고, 따라 써 봅시다.

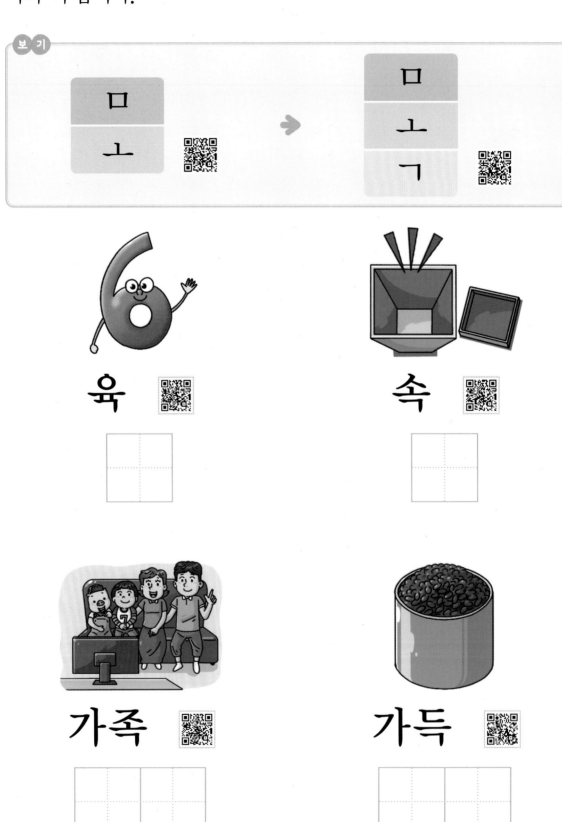

육

속

가족

가득

1 짜임의 받침 ㄱ이 있는 낱말을 알아봅시다. 소리 내어 따라 읽고, 따라 써 봅시다.

꽥꽥

성곽

2 받침 ㄱ이 있는 글자의 짜임이 같은 것끼리 선으로 이어 봅시다.

수박

목표

쪽

꽥꽥

콱

주걱

더 나아가기 받침 ㄱ을 알아봅시다

❓ 받침 ㄱ을 붙여 만들어지는 글자를 빈칸에 써 봅시다.

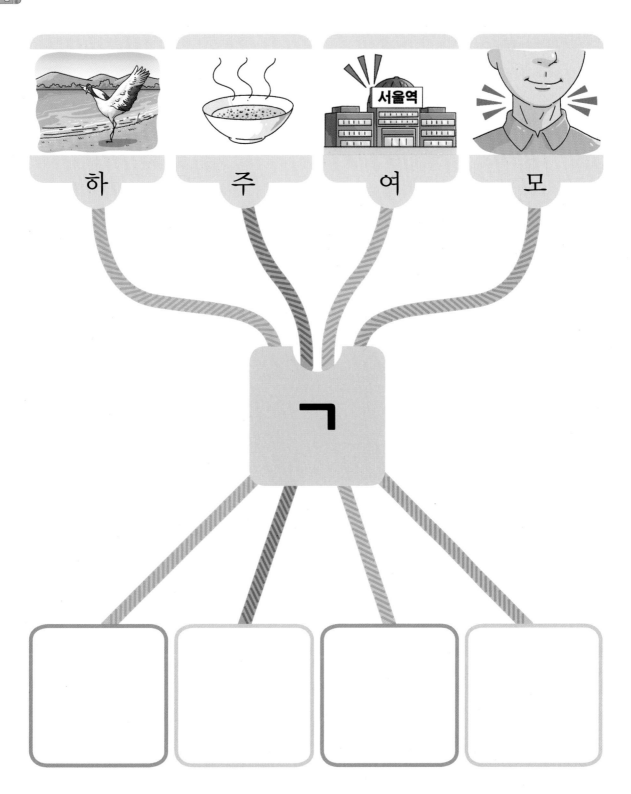

하

주

여

모

ㄱ

27  왜 그럴까요? 받침 ㄴ을 알아봅시다

❓ 그림에 맞는 두 낱말을 비교해 봅시다.

무

문

💡생각1 두 낱말의 모양을 비교해 봅시다. 무엇이 다른가요?

💡생각2 두 낱말을 소리 내어 따라 읽어 봅시다. 소리가 어떻게 다른가요?

한 걸음, 두 걸음 받침 ㄴ을 알아봅시다

1 ▨ 짜임의 받침 ㄴ이 있는 낱말을 알아봅시다. 소리 내어 따라 읽고, 따라 써 봅시다.

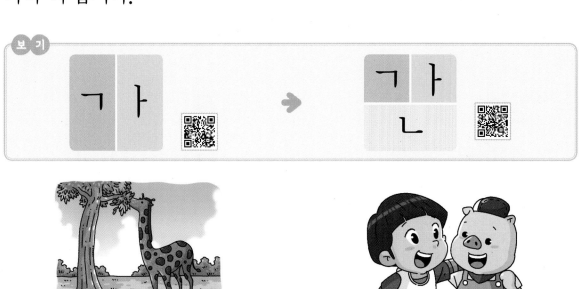

기린

친구

인사

계단

2 ⬛ 짜임의 받침 ㄴ이 있는 낱말을 알아봅시다. 소리 내어 따라 읽고,
따라 써 봅시다.

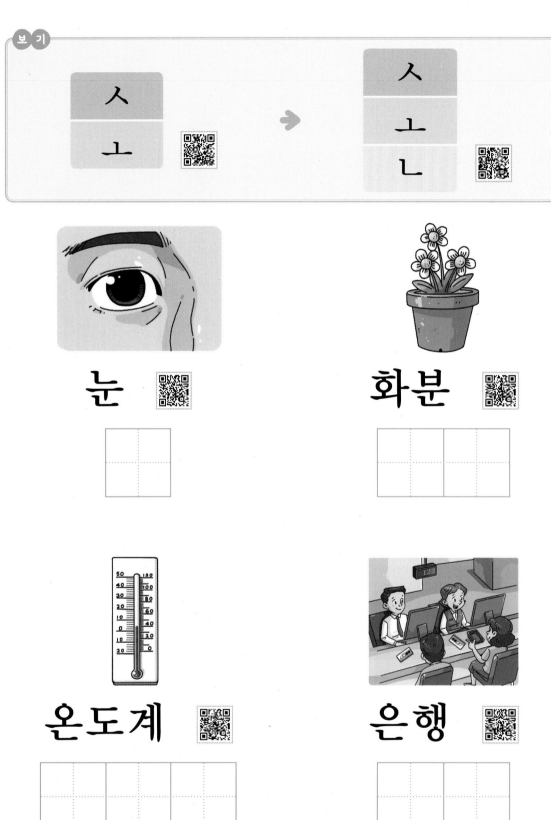

보기

ㅅ
ㅗ
→
ㅅ
ㅗ
ㄴ

눈

화분

온도계

은행

실력이 쑥쑥 받침 ㄴ을 알아봅시다

1 ㄴ 짜임의 받침 ㄴ이 있는 낱말을 알아봅시다. 소리 내어 따라 읽고, 따라 써 봅시다.

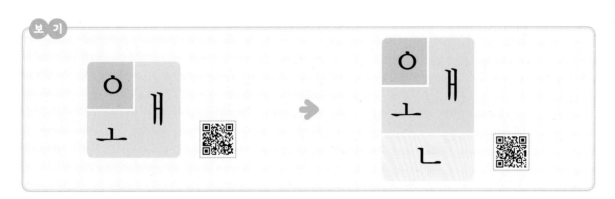

왼쪽

공원

67

2 받침 ㄴ이 있는 글자의 짜임이 같은 것끼리 선으로 이어 봅시다.

시간

운동

망원경

태권도

창문

전화

더 나아가기 받침 ㄴ을 알아봅시다

? 받침 ㄴ을 붙여 만들어지는 글자를 빈칸에 써 봅시다.

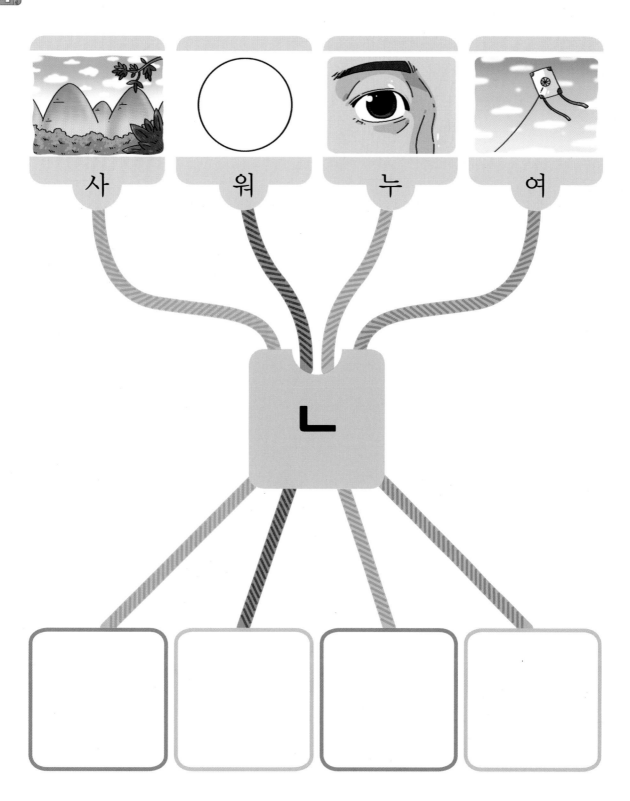

28

왜 그럴까요? **받침 ㄹ을 알아봅시다**

❓ 그림에 맞는 두 낱말을 비교해 봅시다.

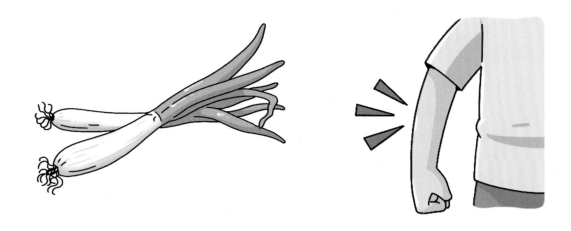

파   팔

💡생각하기1 두 낱말의 모양을 비교해 봅시다. 무엇이 다른가요?

💡생각하기2 두 낱말을 소리 내어 따라 읽어 봅시다. 소리가 어떻게 다른가요?

한 걸음, 두 걸음 받침 ㄹ을 알아봅시다

1 ▨▨ 짜임의 받침 ㄹ이 있는 낱말을 알아봅시다. 소리 내어 따라 읽고, 따라 써 봅시다.

설거지

열쇠

달리기

날개

2 ⬜ 짜임의 받침 ㄹ이 있는 낱말을 알아봅시다. 소리 내어 따라 읽고, 따라 써 봅시다.

글	씨		

글씨

동굴

물통

골목

실력이 쑥쑥 받침 ㄹ을 알아봅시다

1  짜임의 받침 ㄹ이 있는 낱말을 알아봅시다. 소리 내어 따라 읽고, 따라 써 봅시다.

사월

궁궐

2 받침 ㄹ이 있는 글자의 짜임이 같은 것끼리 선으로 이어 봅시다.

대궐

불

별

요일

귤

훨훨

더 나아가기 받침 ㄹ을 알아봅시다

받침 ㄹ을 붙여 만들어지는 글자를 빈칸에 써 봅시다.

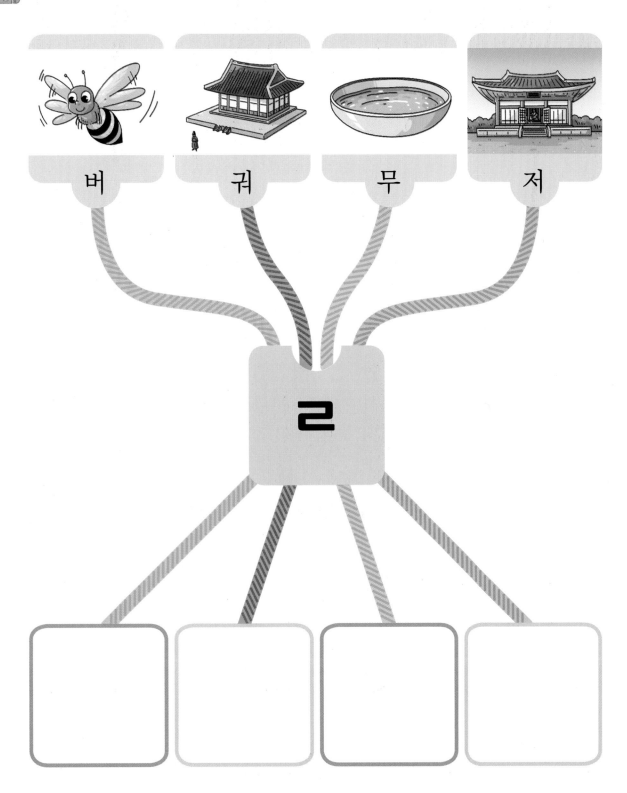

버

귀

무

저

ㄹ

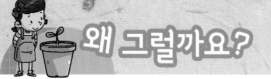

29

왜 그럴까요? 받침 ㅁ을 알아봅시다

? 그림에 맞는 두 낱말을 비교해 봅시다.

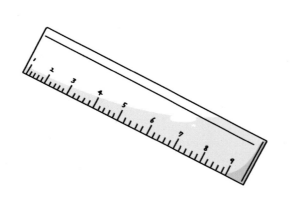

자

잠

생각 하기1 두 낱말의 모양을 비교해 봅시다. 무엇이 다른가요?

생각 하기2 두 낱말을 소리 내어 따라 읽어 봅시다. 소리가 어떻게 다른가요?

한 걸음, 두 걸음 받침 ㅁ을 알아봅시다

1 　짜임의 받침 ㅁ이 있는 낱말을 알아봅시다. 소리 내어 따라 읽고, 따라 써 봅시다.

엄마

사람

염소

김치

2 ▨ 짜임의 받침 ㅁ이 있는 낱말을 알아봅시다. 소리 내어 따라 읽고,
따라 써 봅시다.

솜

이름

가슴

한숨

실력이 쑥쑥 받침 ㅁ을 알아봅시다

1 짜임의 받침 ㅁ이 있는 낱말을 알아봅시다. 소리 내어 따라 읽고, 따라 써 봅시다.

짐

힘

2 받침 ㅁ이 있는 글자의 짜임이 같은 것끼리 선으로 이어 봅시다.

솜씨

그림자

단감

죔

굄

기름

더 나아가기 받침 ㅁ을 알아봅시다

❓ 받침 ㅁ을 붙여 만들어지는 글자를 빈칸에 써 봅시다.

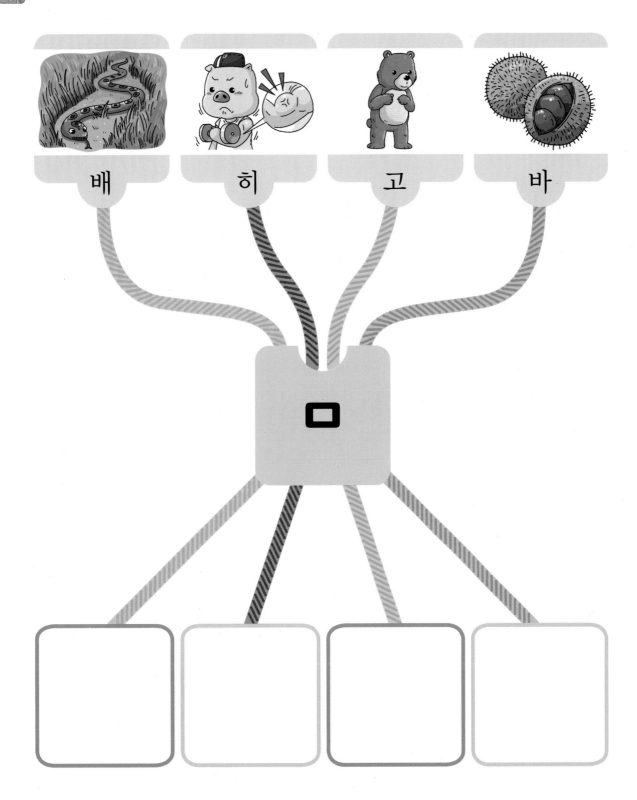

30

글씨 쓰기 연습 21~23쪽

왜 그럴까요? 받침 ㅂ을 알아봅시다

?1 그림에 맞는 두 낱말을 비교해 봅시다.

지다   집다

생각하기1 두 낱말의 모양을 비교해 봅시다. 무엇이 다른가요?

생각하기2 두 낱말을 소리 내어 따라 읽어 봅시다. 소리가 어떻게 다른가요?

한 걸음, 두 걸음 받침 ㅂ을 알아봅시다

1 ▨ 짜임의 받침 ㅂ이 있는 낱말을 알아봅시다. 소리 내어 따라 읽고, 따라 써 봅시다.

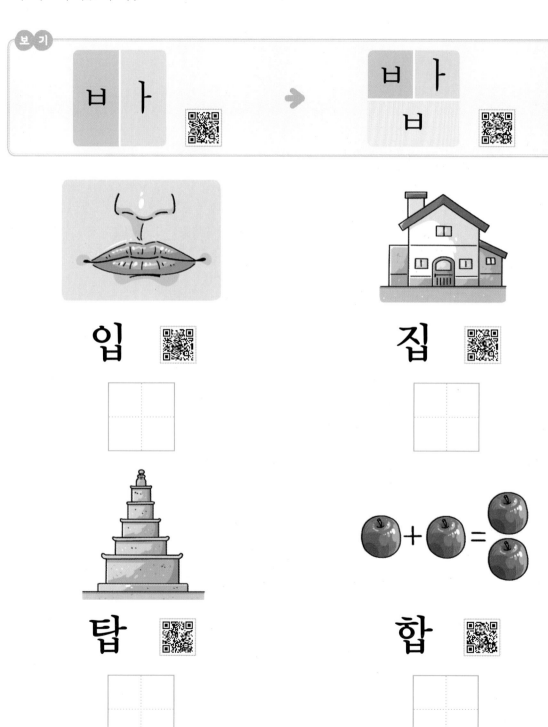

보기

ㅂ ㅏ ➡ ㅂ ㅏ / ㅂ

입

집

탑

합

2  짜임의 받침 ㅂ이 있는 낱말을 알아봅시다. 소리 내어 따라 읽고, 따라 써 봅시다.

 눈곱

 말발굽

 돕다

 이솝

실력이 쑥쑥 받침 ㅂ을 알아봅시다

1 짜임의 받침 ㅂ이 있는 낱말을 알아봅시다. 소리 내어 따라 읽고, 따라 써 봅시다.

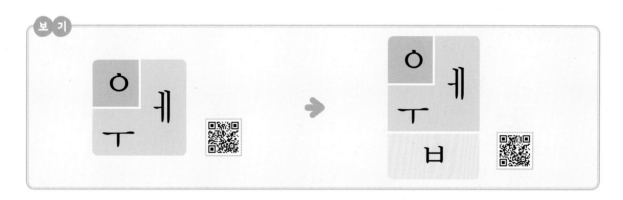

쉽다

뵙다

85

2 받침 ㅂ이 있는 글자의 짜임이 같은 것끼리 선으로 이어 봅시다.

발굽

우유갑

방법

뵙다

쉽다

좁다

❓ 받침 ㅂ을 붙여 만들어지는 글자를 빈칸에 써 봅시다.

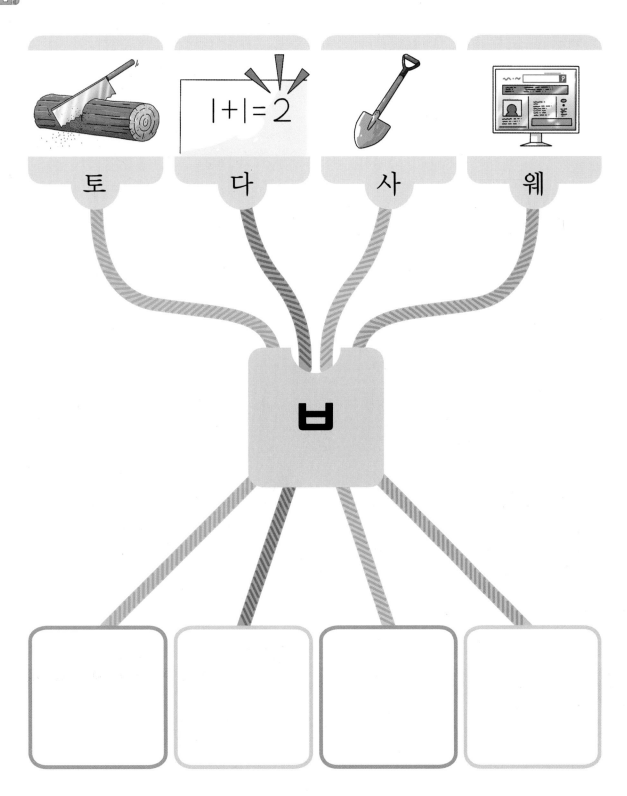

토   다   사   웨

ㅂ

 **왜 그럴까요?** 받침 ㄷ을 알아봅시다

글씨 쓰기 연습 23~25쪽

? 그림에 맞는 두 낱말을 비교해 봅시다.

시다

싣다

생각하기1 두 낱말의 모양을 비교해 봅시다. 무엇이 다른가요?

생각하기2 두 낱말을 소리 내어 따라 읽어 봅시다. 소리가 어떻게 다른가요?

한 걸음, 두 걸음 받침 ㄷ을 알아봅시다

1 ■ 짜임의 받침 ㄷ이 있는 낱말을 알아봅시다. 소리 내어 따라 읽고, 따라 써 봅시다.

받침

닫다

걷기

받다

89

2 　짜임의 받침 ㄷ이 있는 낱말을 알아봅시다. 소리 내어 따라 읽고, 따라 써 봅시다.

보기

ㄱ
ㅗ
　→　
ㄱ
ㅗ
ㄷ

숟가락

돋보기

곧

쏟다

1 받침 ㄷ이 있는 글자의 짜임이 같은 것끼리 선으로 이어 봅시다.

받침

곧장

숟가락

걷다

91

1 받침 ㄷ을 붙여 만들어지는 글자를 빈칸에 써 봅시다.

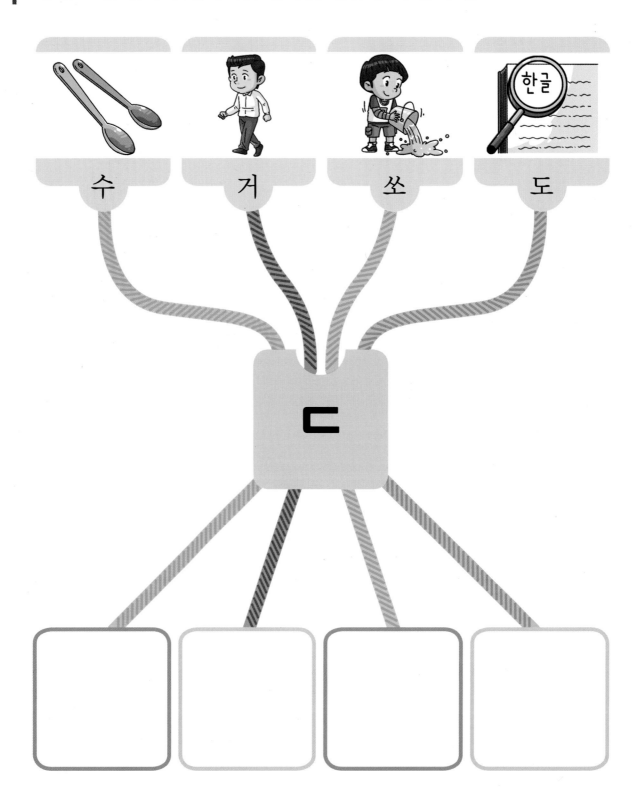

수   거   쏘   도

ㄷ

2 '도'를 싣고 가는 기차가 7개의 받침 ㅇ, ㄱ, ㄴ, ㄹ, ㅁ, ㅂ, ㄷ을 만나 만들어지는 글자를 빈칸에 써 봅시다.

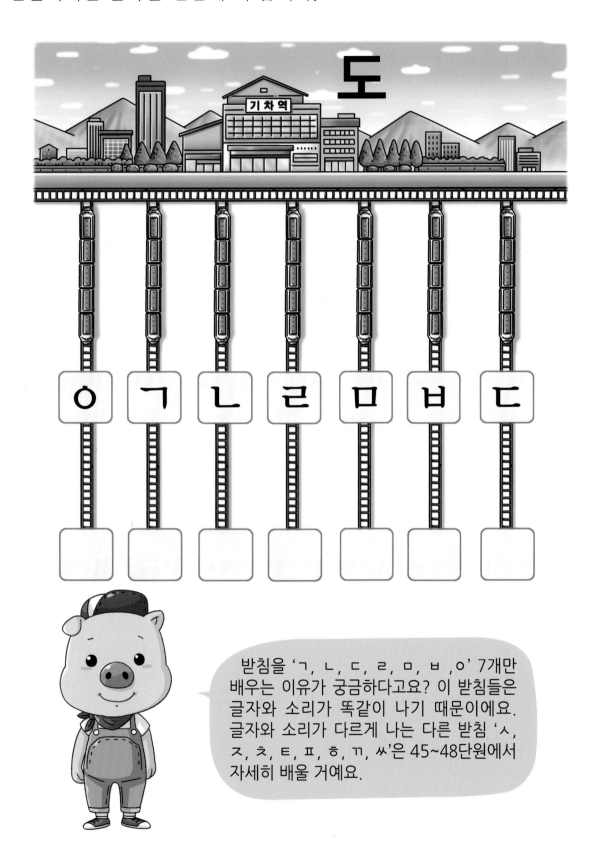

받침을 'ㄱ, ㄴ, ㄷ, ㄹ, ㅁ, ㅂ, ㅇ' 7개만 배우는 이유가 궁금하다고요? 이 받침들은 글자와 소리가 똑같이 나기 때문이에요. 글자와 소리가 다르게 나는 다른 받침 'ㅅ, ㅈ, ㅊ, ㅌ, ㅍ, ㅎ, ㄲ, ㅆ'은 45~48단원에서 자세히 배울 거예요.

7장

'받침소리' 넘어 가기와 쓰기 마법

• 받침소리가 넘어가는 말의 올바른 쓰기 방법을 알아봅시다.

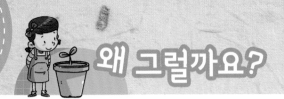
받침이 뒤 글자로 넘어가 소리 나요(걸음/거름)

1 또바기가 보낸 문자 메시지를 읽고, 모도리가 어리둥절해 한 이유가 무엇일까요?

➡ 소리 내어 읽고, 글자와 소리가 다른 것에 ○표 해 봅시다.

걸음	친구	우리
놀이	나무	길이

2 소리 내어 읽고, 소리 나는 대로 [   ] 안에 써 봅시다.

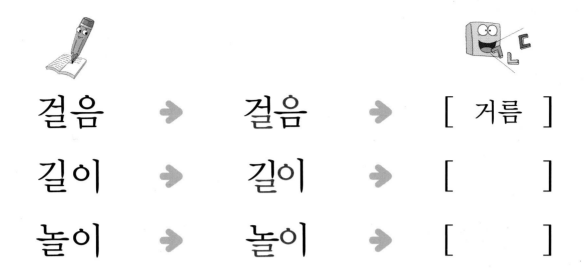

걸음 ➡ 걸음 ➡ [거름]

길이 ➡ 길이 ➡ [   ]

놀이 ➡ 놀이 ➡ [   ]

 생각하기1 ✏️과 🔈ㄴㄷ을 비교해 보니 사라진 자음자가 있어요. 어떤 자음자가 사라졌을까요?

생각하기2 ✏️과 🔈ㄴㄷ을 비교해 보니 위치가 달라진 자음자도 있어요. 어떤 자음자의 위치가 달라졌을까요?

원리가 쏙쏙

글자와 소리가 다른 낱말 중에 '놀이'처럼 '놀'의 받침 □ 바로 뒤에 ㅇ이 오면, ㅇ이 사라지고 받침이 ㅇ의 자리로 옮겨 가서 소리 나요.

 놀이

17단원 〈실력이 쏙쏙〉에서 배운 것처럼 모음자 ㅣ만 있어도 소리가 나지만 글자가 되기 위해 자음자 ㅇ을 써 주었어요.

 [노리]

ㄹ이 아닌 다른 받침들도 받침 뒤에 바로 ㅇ이 오면 ㅇ이 사라지고 받침이 ㅇ의 자리로 옮겨 가서 소리 나요. 하지만 쓸 때에는 받침과 ㅇ을 원래 자리에 써요.

한 걸음, 두 걸음

받침이 뒤 글자로 넘어가 소리 나요(걸음/거름)

1 소리 내어 읽고, 위치가 달라지는 자음자를 찾아 ○표 해 봅시다. 그러고 나서 빈칸에 따라 써 봅시다.

위치가 달라진 자음자

[어리니]　　　(ㄹ , ⓝ)

어린이

[　　]　　　(ㅁ , ㄱ)

먹이

[　　]　　　(ㅅ , ㅁ)

웃음

[　　]　　　(ㄴ , ㅍ)

높이

98

2 소리 내어 읽고, 바르게 쓴 것을 선으로 이어 봅시다.

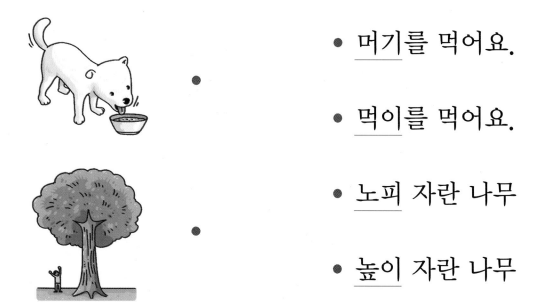

- • 머기를 먹어요.

- • 먹이를 먹어요.

- • 노피 자란 나무

- • 높이 자란 나무

3 소리 나는 대로 써서 틀린 말입니다. 옳은 것을 보기 에서 찾아 써 봅시다.

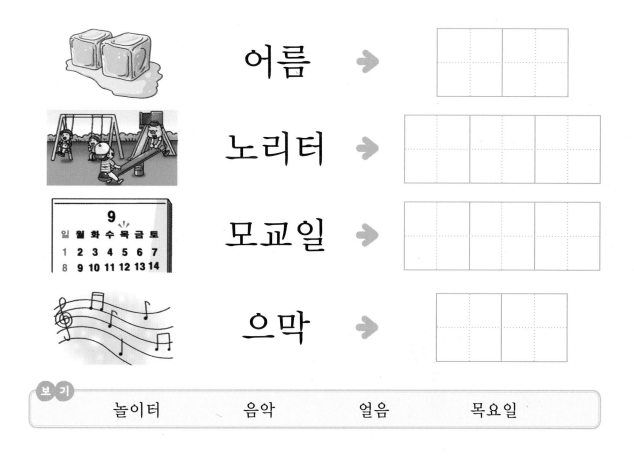

어름 ➡

노리터 ➡

모교일 ➡

으막 ➡

보기
| 놀이터 | 음악 | 얼음 | 목요일 |

받침이 뒤 글자로 넘어가 소리 나요(걸음/거름)

1 배운 내용을 생각하며, 틀린 글자를 바르게 고쳐 써 봅시다.

온화한 할머니 우슴

온화한 할머니 ☐☐

예의바른 어리니

예의바른 ☐☐☐

하라버지의 수염

☐☐☐☐ 의 수염

느낌표와 무름표

느낌표와 ☐☐☐

2 잘못 쓴 부분을  처럼 바르게 고쳐 써 봅시다. 그리고 완성된 문장을
소리 내어 바르게 읽어 봅시다.

보기

어름이 녹아요.

얼음이 녹아요   .

이 치마는 기리가 길다.

          .

친구와 노리터에 간다.

          .

내일이 모교일이에요.

          .

101

더 나아가기 | 받침이 뒤 글자로 넘어가 소리 나요(걸음/거름)

1 낱말이 완성되도록 [보기]에서 알맞은 글자를 골라 빈칸에 써 봅시다.

[보기]   음   아

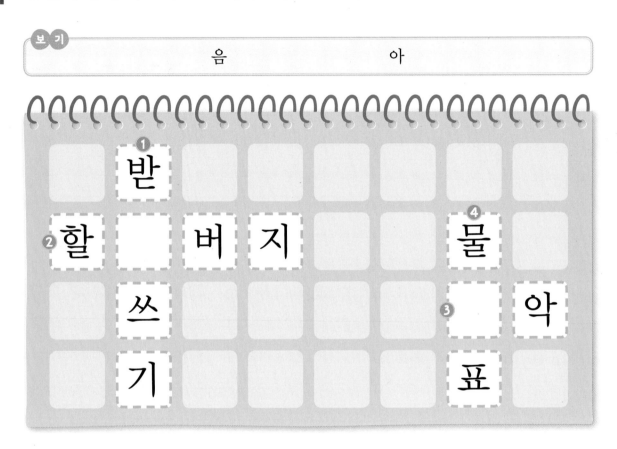

① 받

② 할 [ ] 버 지   ④ 물

쓰   ③ [ ] 악

기   표

2 1에서 만든 낱말을 소리 내어 읽고, 빈칸에 써 봅시다.

① ② ③ ④

3 정말 열심히 공부했어요. 지금까지 배운 내용을 생각하며 **2**에서 찾은 말들의 규칙을 스스로 정리해 봅시다.

> 이렇게 정리해요
>
> 글자와 소리가 다른 낱말 중에 '목요일'처럼 '목'의 받침 ☐ 바로 뒤에 ☐이 오면, 받침이 ㅇ의 자리로 옮겨 가서 소리 나요. 하지만 쓸 때에는 (   )과 ☐을 원래 자리에 써요.

보기
받침	ㄱ	ㅇ

4 부모님이나 선생님이 불러 주시는 말을 바르게 써 봅시다.

①

②

③

④

⑤   .

33 왜 그럴까요?

받침이 뒤 글자로 넘어가 소리 나요(물을/무를)

1 엄마가 사 오신 물건을 보고 또바기가 깜짝 놀란 이유가 무엇일까요?

➡️ 다음 말을 소리 내어 읽고, 글자와 소리가 다른 것에 ○ 표 해 봅시다.

2 다음 말을 처음에는 한 글자씩 읽고, 다음에는 이어 읽어 봅시다. 읽으면서 소리 나는 대로 [   ] 안에 써 봅시다.

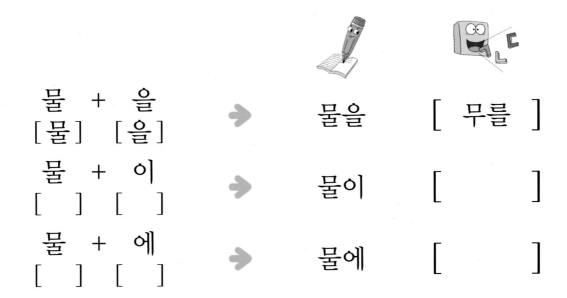

물 + 을
[물] [을]   →   물을   [무를]

물 + 이
[   ] [   ]   →   물이   [   ]

물 + 에
[   ] [   ]   →   물에   [   ]

 생각하기1 ✏과 🔲을 비교해 보니 사라진 자음자가 있어요. 어떤 자음자가 사라졌을까요?

생각하기2 ✏과 🔲을 비교해 보니 위치가 달라진 자음자도 있어요. 어떤 자음자의 위치가 달라졌을까요?

읽기가 쑥쑥

32단원을 떠올려 봅시다. 한 글자씩 읽을 때와 이어 읽을 때 소리가 달라지는 경우가 있어요. '물'에 '을'이 더해진 '물을'에서 '물'의 받침 □ 바로 뒤에 ㅇ이 오면, 받침이 ㅇ의 자리로 옮겨 가서 소리 나요.

이렇게 받침 뒤에 ㅇ이 오면 받침이 ㅇ의 자리로 옮겨 가서 소리 나요. 하지만 **쓸 때에는 받침과 ㅇ을 원래 자리에 써요.**

한 걸음, 두 걸음
받침이 뒤 글자로 넘어가 소리 나요(물을/무릎)

1 소리 내어 읽고, 위치가 달라지는 자음자를 찾아 ○표 해 봅시다. 그리고 나서 빈칸에 따라 써 봅시다.

위치가 달라진 자음자

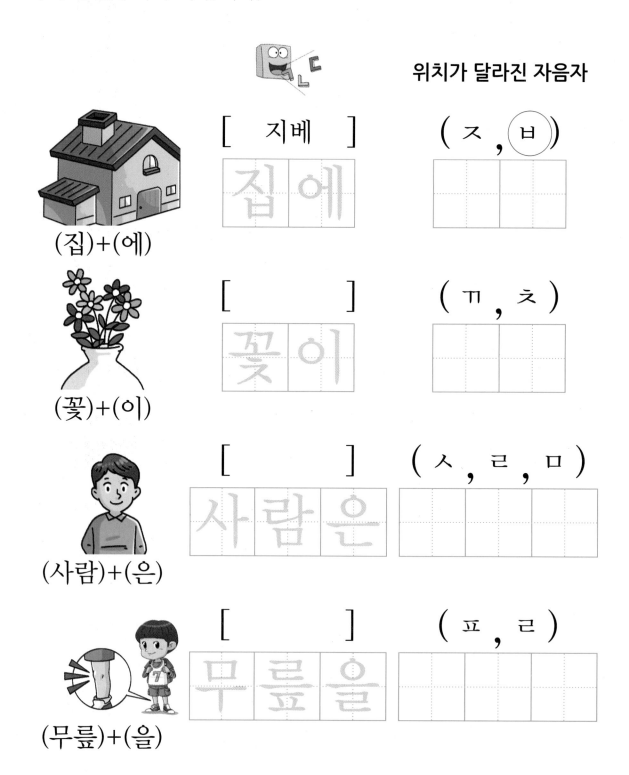

[지베]   (ㅈ , ⓑ)

집에

(집)+(에)

[   ]   (ㄲ , ㅊ)

꽃이

(꽃)+(이)

[   ]   (ㅅ , ㄹ , ㅁ)

사람은

(사람)+(은)

[   ]   (ㅍ , ㄹ)

무릎을

(무릎)+(을)

106

2 소리 내어 읽고, 바르게 쓴 것에 ○표 해 봅시다.

친구네 강아지 (생가글 / 생각을) 한다.

내가 한 (것이 / 거시) 아니에요!

3 소리 나는 대로 써서 틀린 말입니다. 옳은 것을 보기에서 찾아 써 봅시다.

지베 ➡

선생니믄 ➡

부어케 ➡

나제 ➡

보기

| 낮에 | 부엌에 | 선생님은 | 집에 |

1 배운 내용을 생각하며, 틀린 글자를 바르게 고쳐 써 봅시다.

까만 저미

까만 ☐☐

빨간 꼬치 피었어요.

빨간 ☐☐ 피었어요.

선생니믄 친절하시다.

☐☐☐☐ 친절

하시다.

무르플 다치다.

☐☐☐ 다치다.

2 또바기의 일기를 읽고, 틀린 부분을 찾아 ◯표 해 봅시다.

20xx년 x월 x일 x요일   날씨:

　놀이터 가는 길에 신기한 것을 보았어요.
하느레 하얀 달이 있었어요.
나제 달이 떴어요. 모도리에게 말해 줘야겠어요.
얼른 지브로 돌아왔어요.

3 2에서 ◯표 한 말이 들어 있는 문장을 바르게 고쳐 써 봅시다.

① _____ .

② _____ .

③ _____ .

1 보기의 말이 바른 말이 되도록 선으로 이어 봅시다.

보기

그리믈   방버비   꼬츤   아페

① **그림** ·   · 이

② **방법** ·   · 을

③ **꽃** ·   · 에

④ **앞** ·   · 은

2 **1**에서 찾아낸 말을 빈칸에 써 봅시다. 그러고 나서 소리 내어 읽고, 위치가 달라진 자음자를 찾아 써 봅시다.

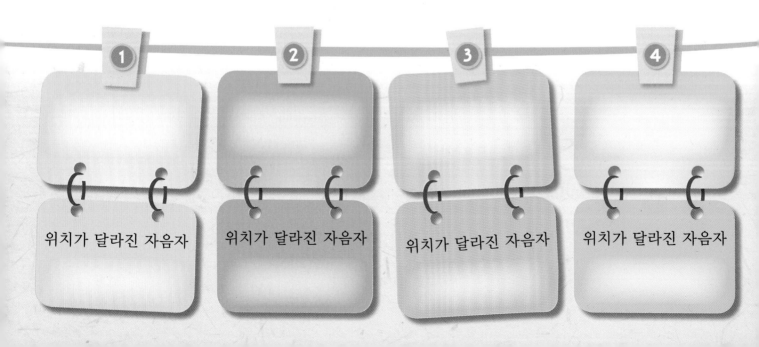

① 위치가 달라진 자음자

② 위치가 달라진 자음자

③ 위치가 달라진 자음자

④ 위치가 달라진 자음자

3 정말 열심히 공부했어요. 지금까지 배운 내용을 생각하며 **2**에서 찾은 말들의 규칙을 스스로 정리해 봅시다.

한 글자씩 읽을 때와 이어 읽을 때 소리가 달라지는 경우가 있어요. '꽃'에 '이'가 더해진 '꽃이'에서 '꽃'의 받침 ☐ 바로 뒤에 ㅇ이 오면, ☐이 ☐의 자리로 옮겨 가서 소리 나요.
이렇게 받침 뒤에 바로 (   )이 오면 받침이 ㅇ의 자리로 옮겨 가서 소리 나요. 하지만 쓸 때에는 (   )과 ㅇ을 원래 자리에 써요.

보기

받침	ㅇ	ㅊ

4 부모님이나 선생님이 불러 주시는 말을 바르게 써 봅시다.

1 [   ] .

2 [   ]

3 [   ]

4 [   ]

5 [   ] .

왜 그럴까요?

받침이 뒤 글자로 넘어가 소리 나요(늘이다/느리다)

1 또바기가 한 문자 메시지를 읽고 모도리가 거북이를 떠올린 이유가 무엇일까요?

또바기가 잘 만들었네.

기린 멋지다.

그거 사슴이야.

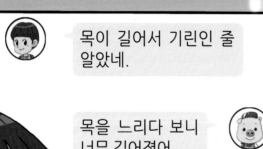

목이 길어서 기린인 줄 알았네.

목을 느리다 보니 너무 길어졌어.

목이 느리다고?

2 '늘이다'를 다양한 모습으로 바꾸어 봅시다. 소리 내어 읽고, 소리 나는 대로 [   ] 안에 써 봅시다.

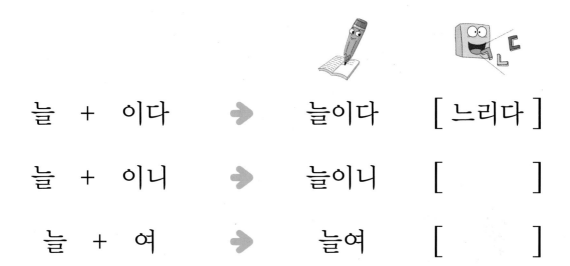

늘 + 이다   ➡   늘이다   [느리다]

늘 + 이니   ➡   늘이니   [   ]

늘 + 여   ➡   늘여   [   ]

생각하기1 ✏️과 ⌨️ㄴㄷ을 비교해 보니 사라진 자음자가 있어요. 어떤 자음자가 사라졌을까요?

생각하기2 ✏️과 ⌨️ㄷ을 비교해 보니 위치가 달라진 자음자도 있어요. 어떤 자음자의 위치가 달라졌을까요?

원리가 쏙쏙

32~33단원을 떠올려 봅시다. 받침 뒤에 바로 ㅇ이 오면 받침이 ㅇ의 자리로 옮겨 가서 소리 납니다.

글자와 소리가 다른 낱말 중에 '늘이다'처럼 '늘'의 받침 □ 바로 뒤에 ㅇ이 오면, 받침이 ㅇ의 자리로 옮겨 가서 소리 나요.

늘이다   [느리다]

ㄹ이 아닌 다른 받침들도 받침 뒤에 바로 ㅇ이 오면 받침이 ㅇ의 자리로 옮겨 가서 소리 나요. 하지만 **쓸 때에는 받침과 ㅇ을 원래 자리에 써요.**

113

한 걸음, 두 걸음 / 받침이 뒤 글자로 넘어가 소리 나요(늘이다/느리다)

1 소리 내어 읽고, 위치가 달라지는 자음자를 찾아 ○표 해 봅시다. 그러고 나서 빈칸에 따라 써 봅시다.

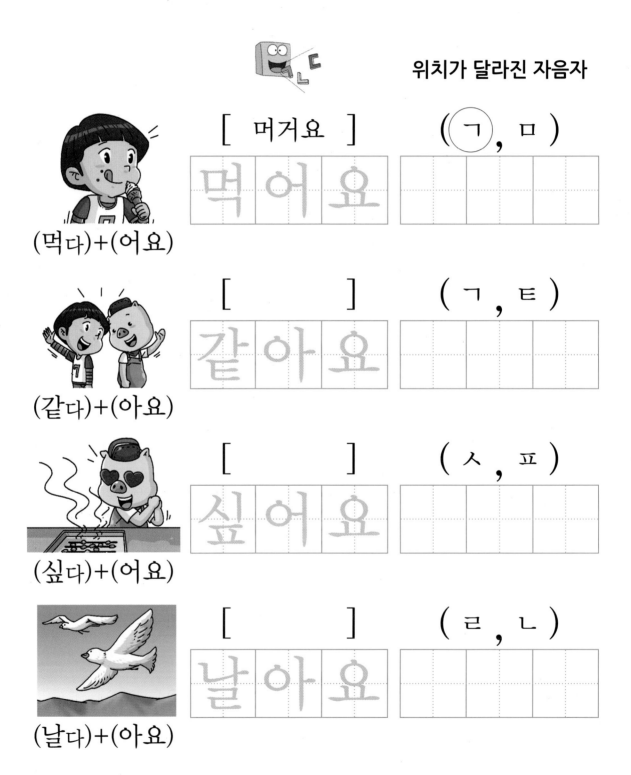

위치가 달라진 자음자

[머거요]   (⃝ㄱ, ㅁ)

떡	어	요

(먹다)+(어요)

[   ]   (ㄱ, ㅌ)

같	아	요

(같다)+(아요)

[   ]   (ㅅ, ㅍ)

싶	어	요

(싶다)+(어요)

[   ]   (ㄹ, ㄴ)

날	아	요

(날다)+(아요)

114

2 소리 내어 읽고, 바르게 쓴 것을 선으로 이어 봅시다.

- 고무줄이 <u>느러나다</u>.

- 고무줄이 <u>늘어나다</u>.

- 자리에서 <u>일어나다</u>.

- 자리에서 <u>이러나다</u>.

3 소리 나는 대로 써서 틀린 말입니다. 옳은 것을 보기에서 찾아 써 봅시다.

나라가다 ➡ 　　　　

다다요 ➡ 　　　

쪼차가다 ➡ 　　　　

차자보다 ➡ 　　　　

보기
| 날아가다 | 찾아보다 | 쫓아가다 | 닫아요 |

실력이 쑥쑥 받침이 뒤 글자로 넘어가 소리 나요(늘이다/느리다)

1 배운 내용을 생각하며, 틀린 글자를 바르게 고쳐 써 봅시다.

문을 다다요.

문을 ☐☐☐.

여기에 사라요.

여기에 ☐☐☐.

동생이 보고 시퍼요.

동생이 보고 ☐☐☐.

종이비행기를 만드러요.
종이비행기를

☐☐☐☐.

116

2 「똑같아요」 악보에 가사가 잘못 쓰여 있어요. 바르게 고쳐 쓴 뒤에
노래를 불러 봅시다.

똑같아요

윤석중 작곡
외 국 곡

무 어 시 무 어 시 똑 가 튼 가?

젓 가 락 두 짜 기 똑 가 타 요.

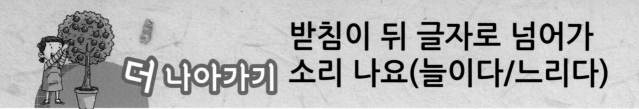
1 낱말이 완성되도록 보기 에서 알맞은 글자를 골라 빈칸에 써 봅시다.

보기

어 아

2 1에서 찾아낸 말을 빈칸에 써 봅시다. 그리고 나서 소리 내어 읽고, 위치가 달라진 자음자를 찾아 써 봅시다.

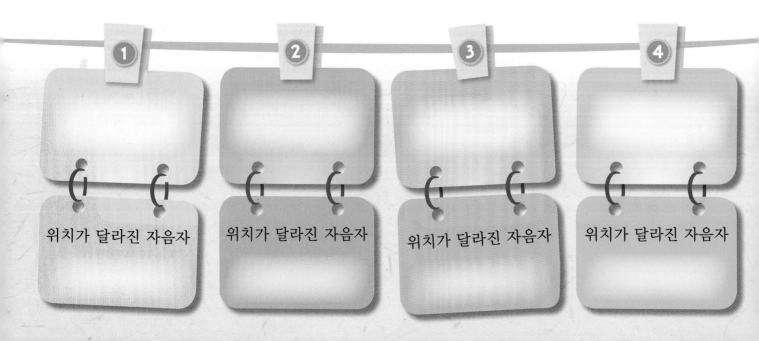

1

위치가 달라진 자음자

2

위치가 달라진 자음자

3

위치가 달라진 자음자

4

위치가 달라진 자음자

3 정말 열심히 공부했어요. 지금까지 배운 내용을 생각하며 **2**에서 찾은 말들의 규칙을 스스로 정리해 봅시다.

이렇게 정리해요

글자와 소리가 다른 낱말 중에 '같아요'처럼 '같'의 받침 ☐ 바로 뒤에 ☐이 오면, 받침이 ☐의 자리로 옮겨 가서 소리 나요.
이렇게 받침 뒤에 ( )이 오면 ( )이 ㅇ의 자리로 옮겨 가서 소리 나요. 하지만 쓸 때에는 받침과 ㅇ을 원래 자리에 써요.

보기

받침   ㅇ   ㅌ

4 부모님이나 선생님이 불러 주시는 말을 바르게 써 봅시다.

①

②

③

④

⑤

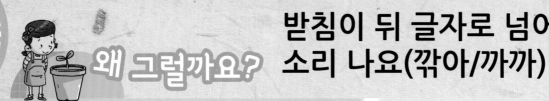
받침이 뒤 글자로 넘어가 소리 나요(깎아/까까)

1 또바기가 연필을 깎지 못한 이유가 무엇일까요?

까까 주세요

2 '깎다'를 다양한 모습으로 바꾸어 봅시다. 소리 내어 읽고, 소리 나는 대로 [   ] 안에 써 봅시다.

깎 + 아 ➡ 깎아 [까까]

깎 + 으니 ➡ 깎으니 [   ]

깎 + 이 ➡ 깎이 [   ]

생각하기1 ✏️과 🔲을 비교해 보니 사라진 자음자가 있어요. 어떤 자음자가 사라졌을까요?

생각하기2 ✏️과 🔲을 비교해 보니 위치가 달라진 자음자도 있어요. 어떤 자음자의 위치가 달라졌을까요?

원리가 쑥쑥

32~34단원을 떠올려 봅시다. 받침 뒤에 바로 ㅇ이 오면 받침이 ㅇ의 자리로 옮겨 가서 소리 납니다.

'깎'에 '아'가 더해진 '깎아'는 같은 자음자가 두 번 쓰인 쌍자음 받침을 가지고 있어요. 쌍자음 받침 ㄲ은 바로 뒤에 ㅇ이 오면, 받침이 □의 자리로 옮겨 가서 소리 나요.

깎아 우리 함께 가자. [까까]

이렇게 같은 자음자가 두 번 쓰인 쌍자음 받침 ㄲ, ㅆ 뒤에 바로 ㅇ이 오면 쌍자음 받침이 ㅇ의 자리로 옮겨 가서 소리가 나요.
하지만 **쓸 때에는 받침과 ㅇ을 원래 자리에 써요.**

1 소리 내어 읽고, 위치가 달라지는 자음자를 찾아 ○표 해 봅시다. 그리고 나서 빈칸에 따라 써 봅시다.

위치가 달라진 자음자

[무끔]

(ㅁ , ㉿)

묶음

묶음

[   ]

(ㄴ , ㄲ , ㄹ)

연필깎이

연필깎이

[   ]

(ㅆ , ㅇ)

있어요

있어요

[   ]

(ㅆ , ㅇ)

갔어요

갔어요

2 소리 내어 읽고, 바르게 쓴 것을 선으로 이어 봅시다.

- 인사를 <u>해써요</u>.

- 인사를 <u>했어요</u>.

- 구슬을 <u>땄어요</u>.

- 구슬을 <u>따써요</u>.

3 모도리와 또바기가 '야무진 분식'에 갔습니다. 차림표를 보고 바르게 쓴 글자는 ○표, 틀린 글자는 ×표 한 뒤에 틀린 글자를 바르게 고쳐 써 봅시다.

야무진 분식 차림표

보끔밥 4000
떡보끼 2500
김밥 2500

1 배운 내용을 생각하며, 틀린 글자를 바르게 고쳐 써 봅시다.

꽃을 꺼꺼서

꽃을 ☐☐☐

이를 다까요.

이를 ☐☐☐.

잘 해쓰면 좋겠어요.

잘 ☐☐☐ 좋겠어요.

텔레비전을 꺼써요.

텔레비전을 ☐☐☐.

2 글을 읽고 틀린 부분에 ○표 해 봅시다.

무지개를 색칠할 거예요.
팔레트에 물감을 짜써요.
"빨, 주, 노, 초, 파, 남.
어? 보라색이 없어요."

빨강색이랑 파랑색을 서꺼요.
보라색이 만들어졌어요. 예쁜
무지개를 그려써요.

3 2에서 ○표 한 낱말이 들어 있는 문장을 바르게 고쳐 써 봅시다.

① [   ] •

② [   ] •

③ [   ] •

1 빨간색 글자들은 받침이 필요한 글자입니다. 낱말이 완성되도록 알맞은
받침을 골라 선으로 이어 봅시다.

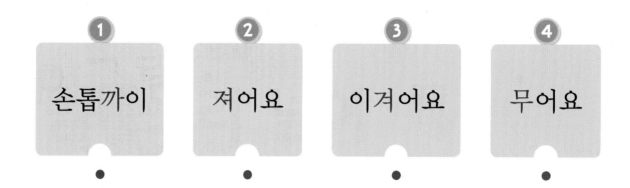

2 **1**에서 찾아낸 낱말을 빈칸에 써 봅시다.

3 정말 열심히 공부했어요. 지금까지 배운 내용을 생각하며 **2**에서 찾은 말들의 규칙을 스스로 정리해 봅시다.

이렇게
정리해요

'닭'에 '아'가 더해진 '닭아'는 같은 자음자가 두 번 쓰인 쌍자음 받침이에요. 쌍자음 받침 ☐ 바로 뒤에 ☐이 오면, (　　　　　)이 ☐의 자리로 옮겨 가서 소리 나요.
하지만 쓸 때에는 쌍자음 받침과 ㅇ을 원래 자리에 써요.

보기

쌍자음 받침	ㅇ	ㄲ

4 부모님이나 선생님이 불러 주시는 말을 바르게 써 봅시다.

①

②

③

④

⑤

8장

'강한 소리' 되기와 쓰기 마법

• 강한 소리가 나는 말의 올바른 쓰기 방법을 알아봅시다.

ㄱ받침 뒤의 글자가 강하게 소리 나요(깍두기/깍뚜기)

1 또바기가 궁금해하는 낱말을 소리 내어 읽어 보고, 바른 소리라고 생각하는 쪽의 (   ) 안에 ○표 해 봅시다.

> 엄마, [깍뚜기]인데 왜 '깍두기'라고 쓰여 있는 거예요?

> 음, 그건 말이지…….

➡️ 어느 쪽의 소리가 더 편하게 느껴지는지 생각하며, 낱말을 소리 내어 읽어 봅시다.

또바기가 궁금해하는 낱말	깍두기
	[깍두기] ( ) [깍뚜기] ( )

2 소리 내어 읽고, 소리 나는 대로 [　　　] 안에 써 봅시다.

깍두기　　[깍뚜기]

국수　　[　　　]

먹다　　[　　　]

💡생각1 하기 빨간색 받침은 모두 어떤 자음자입니까?

💡생각2 하기 ✏️의 파란색 글자가 어떻게 소리 나는지 🔲ᄂ에서 찾아봅시다.
자음자의 소리가 어떻게 달라졌나요?

원리가 쏙쏙

받침 □ 뒤에 자음자 ㄱ, ㄷ, ㅂ, ㅅ, ㅈ이 오면 소리를 편하게
내기 위해서 [ㄲ, ㄸ, ㅃ, ㅆ, ㅉ]로 강하게 소리 내요. 하지만
쓸 때에는 원래 자음자를 써요.

한 걸음, 두 걸음 ㄱ받침 뒤의 글자가 강하게 소리 나요(깍두기/깍뚜기)

1 받침 ㄱ 뒤의 자음자가 강하게 소리 나는 낱말입니다. 빈칸에 따라 써 봅시다.

학교   [학꾜]

학	교

국자   [   ]

국	자

약속   [   ]

약	속

악보   [   ]

악	보

132

2 반대말끼리 연결되도록 선으로 이어 봅시다.

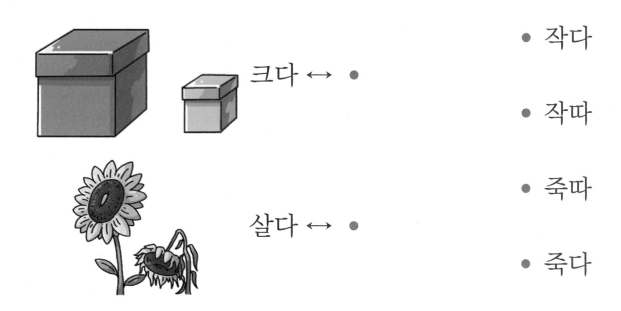

크다 ↔ •

살다 ↔ •

• 작다

• 작따

• 죽따

• 죽다

3 소리 나는 대로 써서 틀린 낱말입니다. 옳은 것을 보기에서 찾아 써 봅시다.

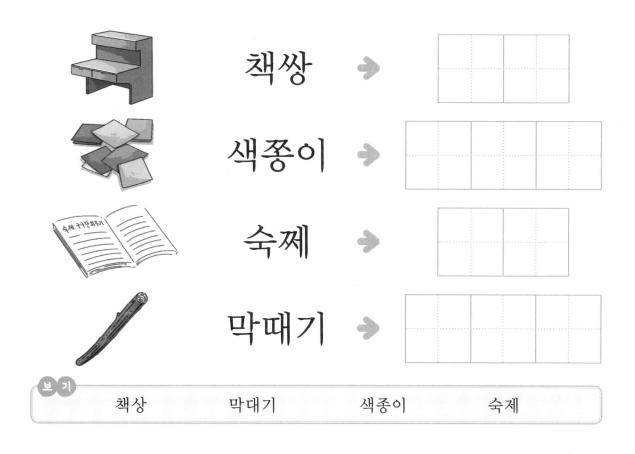

책쌍 ➡

색쫑이 ➡

숙쩨 ➡

막때기 ➡

보기

| 책상 | 막대기 | 색종이 | 숙제 |

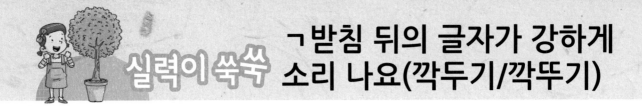

ㄱ받침 뒤의 글자가 강하게 소리 나요(깍두기/깍뚜기)

1 배운 내용을 생각하며, 틀린 글자를 바르게 고쳐 써 봅시다.

목쏘리가 커요.

☐☐ 가 커요.

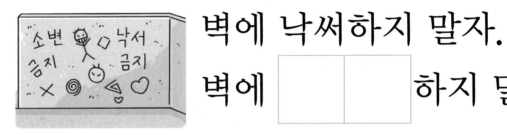

벽에 낙써하지 말자.
벽에 ☐☐ 하지 말자.

걱쩡스러운 얼굴

☐☐ 스러운 얼굴

자기 일은 자기가 직쩝 해요.
자기 일은 자기가
☐☐ 해요.

134

2 틀린 문장을  처럼 바르게 고쳐 써 봅시다. 그리고 고친 문장을 소리 내어 읽어 봅시다.

보 기

식<u>싸</u> 시간에 앉아서 먹어요.

식사 시간에 앉아서 먹어요 .

약<u>쏙</u> 시간을 지켜요.

.

<u>악뽀</u>를 보고 연주해요.

.

반듯이 <u>직썬</u>을 그려요.

.

더 나아가기 ㄱ받침 뒤의 글자가 강하게 소리 나요(깍두기/깍뚜기)

1 「색종이」악보에 가사가 잘못 쓰여 있어요. 바르게 고쳐 쓴 뒤에 노래를 불러 봅시다.

색종이

유정숙 작사
김동학 작곡

색쫑이를 곱-게 접 어서   물감으로 예쁘게 색칠하고

알록딸록 오색씰 꼬리달아   비행기를 만-들 자

2 정말 열심히 공부했어요. 지금까지 배운 내용을 생각하며 **1**에서 찾은 낱말들의 규칙을 스스로 정리해 봅시다.

이렇게 정리해요

받침 ☐ 뒤에 자음자 ㄱ, ㄷ, ㅂ, ㅅ, ㅈ이 오면 소리를 편하게 내기 위해서 ☐, ㄸ, ㅃ, ㅆ, ㅉ]로 (   ) 소리 내요. 하지만 쓸 때에는 원래 자음자를 써요.

보기

강하게   ㄱ   ㄲ

3 부모님이나 선생님이 불러 주시는 말을 바르게 써 봅시다.

① [   ] •

② [   ] •

③ [   ] •

④ [   ] •

⑤ [   ] •

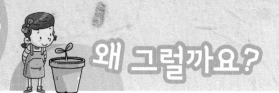

ㄷ받침 뒤의 글자가 강하게 소리 나요(걷다/걷따)

1 엄마와 또바기가 읽는 방법이 왜 다를까요? 낱말을 소리 내어 읽어 보고, 바른 소리라고 생각하는 쪽의 (   ) 안에 ○표 해 봅시다.

➡ 엄마와 또바기 중 누구의 소리가 더 편하게 느껴지는지 생각하며, 낱말을 소리 내어 읽어 봅시다.

	걷다
	[걷다] ( ) [걷따] ( )

2 소리 내어 읽고, 소리 나는 대로 [   ] 안에 써 봅시다.

걷다   [걷따]

듣다   [   ]

돋보기   [   ]

💡 생각1 하기 빨간색 받침은 모두 어떤 자음자입니까?

💡 생각2 하기 ✏️의 파란색 글자가 어떻게 소리 나는지 💻에서 찾아봅시다. 자음자의 소리가 어떻게 달라졌나요?

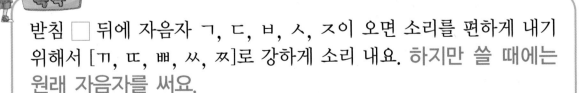

원리가 쏙쏙

받침 □ 뒤에 자음자 ㄱ, ㄷ, ㅂ, ㅅ, ㅈ이 오면 소리를 편하게 내기 위해서 [ㄲ, ㄸ, ㅃ, ㅆ, ㅉ]로 강하게 소리 내요. 하지만 쓸 때에는 원래 자음자를 써요.

한 걸음, 두 걸음 ㄷ받침 뒤의 글자가 강하게 소리 나요(걷다/걷따)

1 받침 ㄷ 뒤의 자음자가 강하게 소리 나는 낱말입니다. 빈칸에 따라 써 봅시다.

걷기   [걷끼   ]

걷기

듣기   [   ]

듣기

받다   [   ]

받다

싣다   [   ]

싣다

140

2 소리 내어 읽고, 바르게 쓴 것에 ○표 해 봅시다.

신나게 공 (주고받끼 / 주고받기)

응원에 힘을 (얻다 / 얻따).

3 ①, ②, ③을 읽고 '나'는 무엇인지 보기에서 알맞은 낱말을 찾아 빈칸에 써 봅시다.

나는 무엇일까요?

① '나'는 다른 사람에게 모르는 것을 질문한다는 뜻이야.

② '나'는 먼지나 가루가 물건에 붙어 있다는 뜻이야.

③ '나'는 물건을 흙이나 다른 것으로 덮어 보이지 않게 한다는 뜻이야.

보기
민다   믿따   묻다
묻따   받다   받따

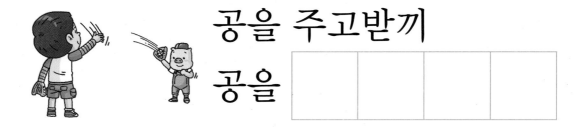

ㄷ받침 뒤의 글자가 강하게 소리 나요(걷다/걷따)

1 배운 내용을 생각하며, 틀린 글자를 바르게 고쳐 써 봅시다.

공을 주고받끼

공을 ☐☐☐☐

차에 짐을 가득 싣꼬

차에 짐을 가득 ☐☐

엄마는 나를 믿꼬 사랑해요.

엄마는 나를 ☐☐
사랑해요.

경기에서 돋뽀이다.

경기에서 ☐☐이다.

2 틀린 문장을  처럼 바르게 고쳐 써 봅시다. 그리고 고친 문장을
  소리 내어 읽어 봅시다.

보기

걷끼 운동을 하면 건강
해져요.

걷기 운동을 하면 건강해져요 .

 공짜로 얻따.

.

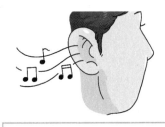 듣꼬 싶은 노래를 들어요.

.

 돋뽀기로 보면 크게 보
여요.

.

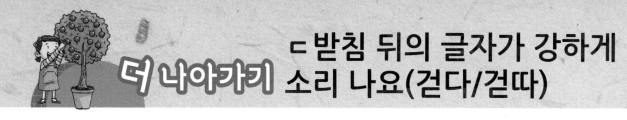

ㄷ받침 뒤의 글자가 강하게 소리 나요(걷다/걷따)

1 낱말이 완성되도록 보기 에서 알맞은 글자를 골라 빈칸에 써 봅시다.

> **보기**
>
> 돋   묻

		손	들	고		③	기	
						다		
②	보	이	다					
보								
기								

(①은 ②의 위칸, ④는 ③의 위칸에 위치)

2 1에서 찾아낸 낱말을 빈칸에 써 봅시다.

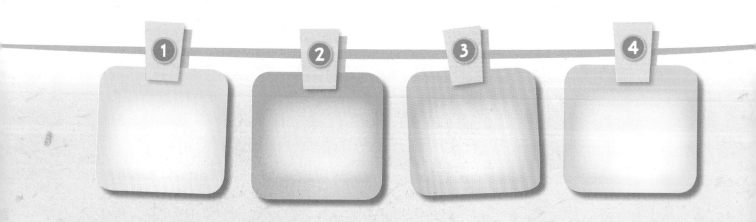

3 정말 열심히 공부했어요. 지금까지 배운 내용을 생각하며 **2**에서 찾은 말들의 규칙을 스스로 정리해 봅시다.

이렇게 정리해요

받침 ☐ 뒤에 자음자 ㄱ, ㄷ, ㅂ, ㅅ, ㅈ이 오면 소리를 편하게 내기 위해서 [ㄲ, ☐, ㅃ, ㅆ, ㅉ]로 강하게 소리 내요. 하지만 쓸 때에는 (   ) 자음자를 써요.

보기

원래	ㄷ	ㄸ

4 부모님이나 선생님이 불러 주시는 말을 바르게 써 봅시다.

① _____ .

② _____ .

③ _____ .

④ _____ .

⑤ _____ .

38 ㅂ받침 뒤의 글자가 강하게 소리 나요(입술/입쑬)

1 엄마가 주신 힌트를 소리 내어 읽어 보고, 바른 소리라고 생각하는 쪽의 ( ) 안에 ○표 해 봅시다.

➡ 어느 소리가 더 편하게 느껴지는지 생각하며, 소리 내어 읽어 봅시다.

엄마의 힌트	
	[입쑬] (　　　) [입술] (　　　)

2 소리 내어 읽고, 소리 나는 대로 [   ] 안에 써 봅시다.

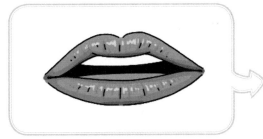

입술   [입쑬]

밥상   [   ]

눕다   [   ]

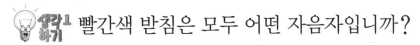 **생각하기1** 빨간색 받침은 모두 어떤 자음자입니까?

생각하기2 의 파란색 글자가 어떻게 소리 나는지 에서 찾아봅시다.
자음자의 소리가 어떻게 달라졌나요?

 원리가 쏙쏙

받침 □ 뒤에 자음자 ㄱ, ㄷ, ㅂ, ㅅ, ㅈ이 오면 소리를 편하게 내기
위해서 [ㄲ, ㄸ, ㅃ, ㅆ, ㅉ]로 강하게 소리 내요. 하지만 쓸 때에는
원래 자음자를 써요.

1 받침 ㅂ 뒤의 자음자가 강하게 소리 나는 낱말입니다. 빈칸에 따라 써 봅시다.

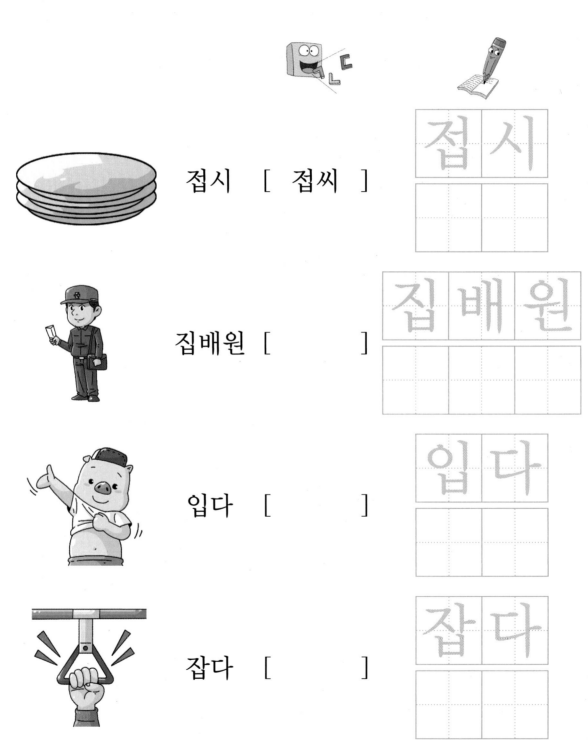

접시   [접씨   ]   접시

집배원 [   ]   집배원

입다   [   ]   입다

잡다   [   ]   잡다

2 소리 내어 읽고, 바르게 쓴 것을 선으로 이어 봅시다.

- 갑짜기 쿵 하는 소리가

- 갑자기 쿵 하는 소리가

- 술래잡기를 하다.

- 술래잡끼를 하다.

3 소리 나는 대로 써서 틀린 낱말입니다. 옳은 것을 보기 에서 찾아 써 봅시다.

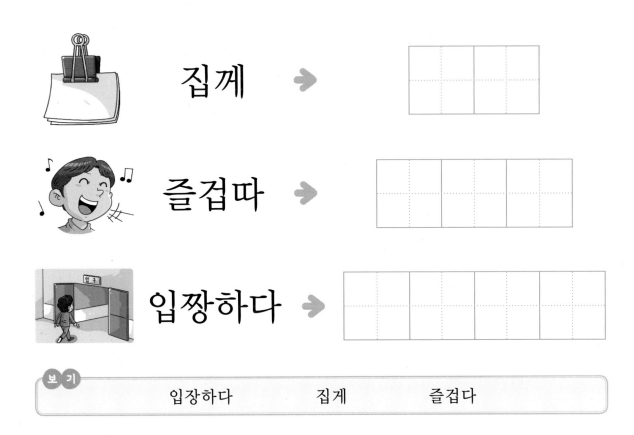

집께 ➡

즐겁따 ➡

입짱하다 ➡

보 기

입장하다   집게   즐겁다

1 배운 내용을 생각하며, 틀린 글자를 바르게 고쳐 써 봅시다.

짐을 무겁께 들고

짐을 ☐☐☐ 들고

정말 반갑꾸나 !

정말 ☐☐☐☐ !

쉽꼬 신나는 퍼즐

☐☐ 신나는 퍼즐

이 옷은 입끼 어려워.

이 옷은 ☐☐ 어려워.

150

2 또바기의 일기를 읽고, 틀린 부분을 찾아 ○표 하고 바르게 고쳐 써
봅시다.

20xx년 x월 x일 x요일   날씨:

제목: 새 퍼즐

　엄마가 저와 동생에게 새 퍼즐을 선물해 주셨어요.
동생은 선물을 받으니 신나고 즐겁따고 했어요.
새 퍼즐은 귀엽꼬 예뻐요.
해 보니 조금 어렵찌만, 꼭 완성할 거예요!
완성하면 벽에다 아름답께 걸어 둘 거예요.

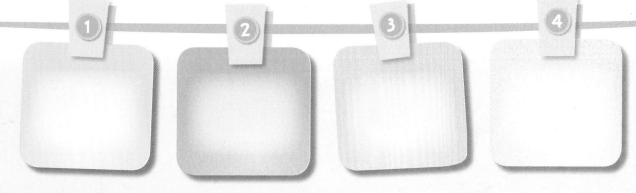

1 다음은 '밥'과 연결하여 새로운 낱말을 만들 수 있는 낱말들입니다. 바르게 쓴 낱말이 되도록 선으로 이어 보세요.

밥

| 공기 | 꽁기 | 상 | 쌍 | 주걱 | 쭈걱 |

2 1에서 찾아낸 낱말을 빈칸에 써 봅시다.

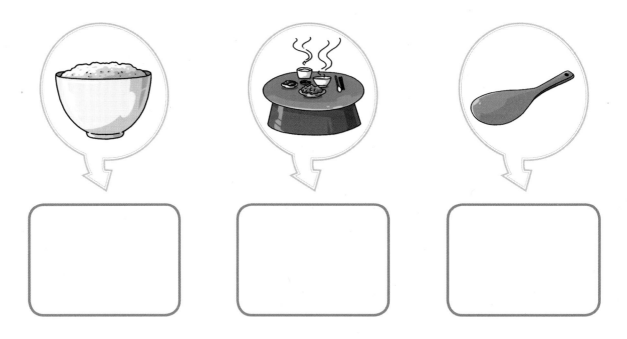

3 정말 열심히 공부했어요. 지금까지 배운 내용을 생각하며 **2**에서 찾은 낱말들의 규칙을 스스로 정리해 봅시다.

받침 □ 뒤에 자음자 ㄱ, ㄷ, ㅂ, ㅅ, ㅈ이 오면 소리를 (   ) 내기 위해서 [ㄲ, ㄸ, □, ㅆ, ㅉ]로 강하게 소리 내요. 하지만 쓸 때에는 원래 자음자를 써요.

보 기

ㅃ   편하게   ㅂ

4 부모님이나 선생님이 불러 주시는 말을 바르게 써 봅시다.

①

②

③

④

⑤

ㄴ, ㄹ, ㅁ, ㅇ받침 뒤의 글자가 강하게 소리 나요(잠자리/잠짜리)

2 소리 내어 읽고, 소리 나는 대로 [   ] 안에 써 봅시다.

잠자리   [잠짜리]

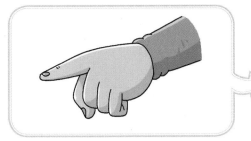

손가락   [   ]

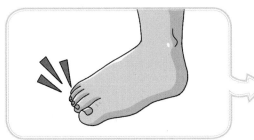

발가락   [   ]

 빨간색 받침은 어떤 자음자들입니까?

 ✏의 파란색 글자가 어떻게 소리 나는지 🔲ㄴ에서 찾아봅시다. 자음자의 소리가 어떻게 달라졌나요?

받침 □, ㄹ, □, ㅇ 뒤에 자음자 ㄱ, ㄷ, ㅂ, ㅅ, ㅈ이 오면 [ㄲ, ㄸ, ㅃ, ㅆ, ㅉ]로 강하게 소리 내요. 하지만 쓸 때에는 원래 자음자를 써요.

1 받침 ㄴ, ㄹ, ㅁ, ㅇ 뒤의 자음자가 강하게 소리 나는 낱말입니다. 따라
써 봅시다.

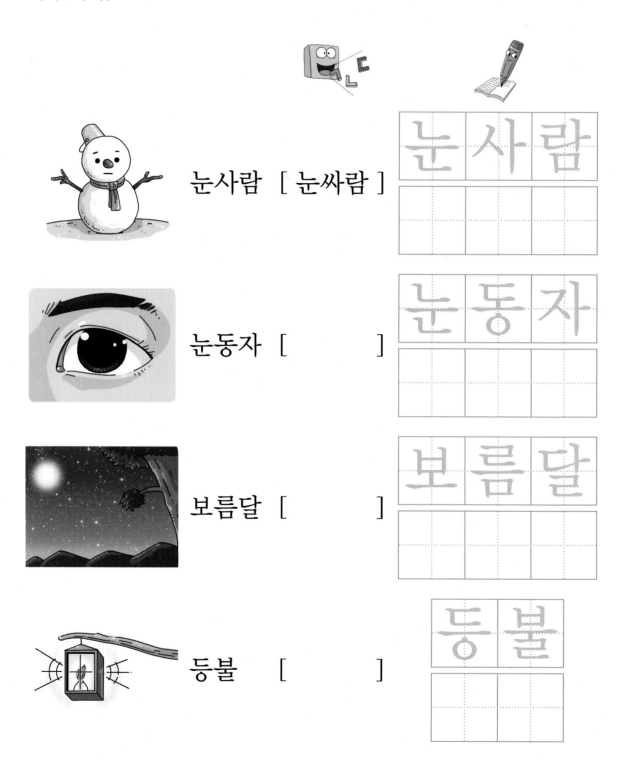

눈사람 [눈싸람]

눈동자 [   ]

보름달 [   ]

등불   [   ]

2 소리 내어 읽고, 바르게 쓴 것에 ○표 해 봅시다.

(글자 / 글짜)를 또박또박 써요.

자에 (눈끔 / 눈금)이 있어요.

3 소리 나는 대로 써서 틀린 낱말입니다. 옳은 것을 보기 에서 찾아 써 봅시다.

물꼬기 ➡			

물깜 ➡		

발뜽 ➡		

봄삐 ➡		

보기

발등	물감	봄비	물고기

실력이 쑥쑥

ㄴ, ㄹ, ㅁ, ㅇ받침 뒤의 글자가
강하게 소리 나요(잠자리/잠짜리)

1 배운 내용을 생각하며, 틀린 글자를 바르게 고쳐 써 봅시다.

아침빱을 먹어요.

을 먹어요.

길까에서 뛰지 말아요.

에서 뛰지 말아요.

실쩨로 보니 더 크네!

보니 더 크네!

열씸히 노력해요.

노력해요.

2 또바기의 일기를 읽고, 틀린 부분을 찾아 ◯표 해 봅시다.

20xx년 x월 x일 x요일   날씨: ❄

제목: 밤새 내린 눈

아침에 일어나니 눈이 내렸어요. 모도리와 운동장으로 달려갔어요.

손빠닥 위에 눈을 올렸어요.

하얀 눈 위에 손까락으로 그림을 그렸어요. 발짜국도 찍으며 놀았어요. 정말 즐거운 하루였어요.

3 2에서 ◯표 한 말이 들어 있는 문장을 바르게 고쳐 써 봅시다.

① _____ .

② _____ .

③ _____ .

더 나아가기 ㄴ, ㄹ, ㅁ, ㅇ받침 뒤의 글자가 강하게 소리 나요(잠자리/잠짜리)

1 그림에 알맞은 문장이 되도록 바르게 고쳐 써 봅시다.

웅덩이를 넘따가 넘어지다.

⬇

웅덩이를 [ ][ ][ ] 넘어지다.

물쏙에 빠진 도끼

⬇

물[ ]에 빠진 도끼

2 정말 열심히 공부했어요. 지금까지 배운 내용을 생각하며 **1**에서 찾은 낱말들의 규칙을 스스로 정리해 봅시다.

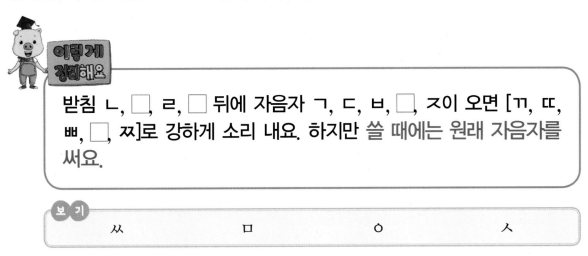

받침 ㄴ, □, ㄹ, □ 뒤에 자음자 ㄱ, ㄷ, ㅂ, □, ㅈ이 오면 [ㄲ, ㄸ, ㅃ, □, ㅉ]로 강하게 소리 내요. 하지만 쓸 때에는 원래 자음자를 써요.

보기
ㅆ	ㅁ	ㅇ	ㅅ

3 부모님이나 선생님이 불러 주시는 말을 바르게 써 봅시다.

1

2

3

4 .

5 .

메모

또바기와 모도리의
야무진 한글 ②

2019년 10월 25일 초판 1쇄 인쇄
2019년 10월 30일 초판 1쇄 발행

지은이   이병규, 김혜진
그린이   백용원

펴낸이   양진오
펴낸곳   (주)교학사
주 소   서울특별시 마포구 마포대로 14길 4(사무소)
         서울특별시 금천구 가산디지털 1로 42(공장)
전 화   영업 (02) 7075-147 편집 (02) 7075-360
등 록   1962년 6월 26일 (18-7)
편 집   김선자
조 판   김예나
디자인   유보경

이 도서의 국립중앙도서관 출판시도서목록(CIP)은 서지정보유통지원시스템 홈페이지(http://seoji.nl.go.kr)와
국가자료공동목록시스템(http://www.nl.go.kr/kolisnet)에서 이용하실 수 있습니다. (CIP제어번호 : CIP2019014740)

이 책에 실린 동요는 한국음악저작권협회(KOMCA)의 승인을 받았습니다.
함께자람은 (주)교학사의 유아·어린이 책 브랜드입니다.
잘못 만들어진 책은 구입하신 서점에서 바꾸어 드립니다.
이 책 내용의 전부 또는 일부를 재사용하려면 반드시 지은이와 함께자람의 동의를 받아야 합니다.
⚠ 책 모서리가 날카로우니 떨어뜨리지 않도록 조심하시고, 책장을 넘길 때 베이지 않도록 주의하시기 바랍니다.
(사용 연령: 만 5세 이상)

또바기와 모도리의

이병규 교수의
받아쓰기 편

야무진 한글 ②

또바기와 모도리의

이병규 교수의 받아쓰기 편

야무진 한글 ②

글씨 쓰기 연습

함께자람

ㅐ

ㅔ

개

게

해

노래

그네

어제

무지개

베개

ㅐ

ㅖ개

개

시계

재

얘기

세계

페

늬

의자

예의

무늬

꽃의　향기

의사

의지

주의

너희

나의

우리의 　미소

ㅓ

ㅟ

죄

4

쥐

뇌

최고

귀

가위

추위

더위

외투

바위

② 과

궈

기와

무거워

사과

과자

뭐야

줘

치과

내

게

왜가리

스웨터

돼지

인쇄

궤도

퉤퉤

25 코

콩

사탕

호랑이

8

구멍

사랑

등

통

자동차

홍시

여왕

횡단보도

청소

윙윙

공주

강

왕관

동물

구

국

치약

미역

저녁

생각

육

속

가족

가득

꽥꽥

성곽

수박

목표

쪽

꽉

주걱

무

문

기린

친구

인사

계단

눈

화분

온도계

은행

왼쪽

공원

시간

운동

망원경

태권도

창문

전화

파

팔

설거지

열쇠

달리기

날개

글씨

동굴

물통

골목

사월

궁궐

대궐

불

별

요 일

귤

훨 훨

자

잠

엄 마

사람

염소

김치

솜

이름

가슴

한숨

짐

힘

솜씨

그림자

단감

짐

굄

기름

지다

집다

입

집

탑

합

눈곱

말발굽

돕다

이솝

쉽다

뵙다

발굽

22

우유갑

방법

좁다

시다

신다

반침

닫다

걷기

받다

숟가락

돋보기

곧

쏟다

곧장

웃음

걷다

걸음

길이

놀이

어린이

먹이

웃음

높이

무서운 악어

높이뛰기

아장아장 걸음마

월요일부터 일요일까지

집

목욕탕에　가요

물을

물이

물에

집에

꽃이

사람은

무릎을

그림

꽃

앞

목이 마르다

하늘에 구름이 두둥
실

앞으로 나란히

부엌에서 보글보글
소리가

손목에 팔찌를 차요

늘이다

늘이니

늘여

먹어요

같아요

싫어요

날아요

옷이 늘어나다

새가 훨훨 날아요

음식을 만들어요

가방 속을 찾아봐

경찰이 도둑을 잡아요

깎아

깎으니

깎이

묶음

연필깎이

있어요

갔어요

집에 갔어요

밖에 나가 놀다

저　여기　있어요

연필깎이로　연필을
깎아요

신발　끈을　묶어요

깍두기

국수

먹다

학교

국자

약속

악보

35

축구를 하다

수족관에 가다

낙서를 하지 말자

아픈 친구를 걱정한
다

깍두기를 떡다

든다

든기

차가운 물을 쏜다

물렁물렁한 떡이 굳
다

37

산나물을 뜬다

하늘 향해 양팔 뻗
기

숟가락으로 밥을 비
비다

입술

밥상

눕다

접시

집배원

입다

잡다

밥

압정에 손이 찔리다

손을 꽉 잡다

엄마를 돕다

풍선은　가볍다

집배원　아저씨가　주
신　편지

잠자리

손가락

발가락

눈사람

눈동자

보름달

등불

엄마가 싼 김밥

새 신을 신고

또박또박 글자 쓰기

눈을 감고 상상해
보아요

용돈을 받아서 샀어
요

44

48

또바기와 모도리의

야무진 한글 ❷

이병규 교수의
받아쓰기 편

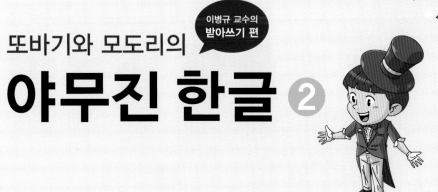

또바기와 모도리의

이병규 교수의
받아쓰기 편

야무진 한글 ②

정답

함께자람

복합 모음자와 소리

19 왜 그럴까요? ㅐ, ㅔ를 알아봅시다

1 또바기의 문자 메시지에서 무엇이 잘못되었는지 생각해 봅시다.

---

2 소리 내어 따라 읽고 ㅐ, ㅔ의 소리를 비교해 봅시다.

글씨 쓰기 연습 1~2쪽

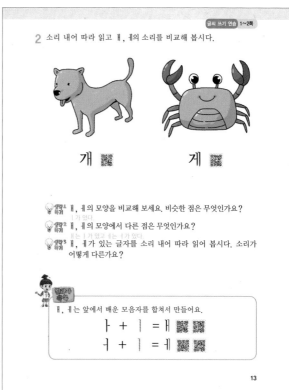

개   게

- ㅐ, ㅔ의 모양을 비교해 보세요. 비슷한 점은 무엇인가요?
  ㅣ가 있다
- ㅐ, ㅔ의 모양에서 다른 점은 무엇인가요?
  ㅐ는 ㅏ가 있고 ㅔ는 ㅓ가 있다
- ㅐ, ㅔ가 있는 글자를 소리 내어 따라 읽어 봅시다. 소리가 어떻게 다른가요?

> ㅐ, ㅔ는 앞에서 배운 모음자를 합쳐서 만들어요.
> ㅏ + ㅣ = ㅐ
> ㅓ + ㅣ = ㅔ

13

한 걸음, 두 걸음 ㅐ, ㅔ를 알아봅시다

1 ㅐ, ㅔ의 이름을 따라 읽고, 쓰는 순서를 알아봅시다.

ㅐ	ㅐ
애	애
ㅐ	ㅐ
애	애

ㅔ	ㅔ
에	에
ㅔ	ㅔ
에	에

2 ㅐ, ㅔ의 이름을 소리 내어 말하고, 선으로 이어 봅시다.

ㅐ •

ㅔ •

• 매
• 매
• 애
• 에

14

---

3 ㅐ의 소리를 알아봅시다. 소리 내어 따라 읽고, 따라 써 봅시다.

해   노래

해   노래

4 ㅔ의 소리를 알아봅시다. 소리 내어 따라 읽고, 따라 써 봅시다.

그네   어제

그네   어제

15

1

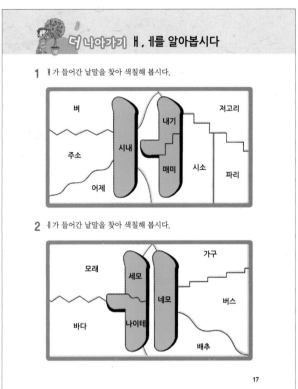

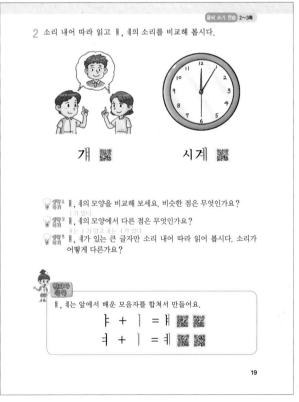

한 걸음, 두 걸음 ㅒ, ㅖ를 알아봅시다

1 ㅒ, ㅖ의 이름을 따라 읽고, 쓰는 순서를 알아봅시다.

2 ㅒ, ㅖ의 이름을 소리 내어 말하고, 선으로 이어 봅시다.

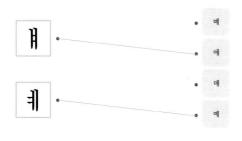

ㅒ	•	• 몌
		• 얘
		• 몌
ㅖ	•	• 몌
		• 예

3 ㅒ의 소리를 알아봅시다. 소리 내어 따라 읽고, 따라 써 봅시다.

재

애기

4 ㅖ의 소리를 알아봅시다. 소리 내어 따라 읽고, 따라 써 봅시다.

세계

폐

20

21

실력이 쑥쑥 ㅒ, ㅖ를 알아봅시다

? 그림에 알맞은 낱말이 되도록 빈칸을 채워 봅시다.

와, 예쁘다. 이거 누가 주는 거야?

애가.

더 나아가기 ㅒ, ㅖ를 알아봅시다

1 ㅒ가 들어간 낱말을 찾아 색칠해 봅시다.

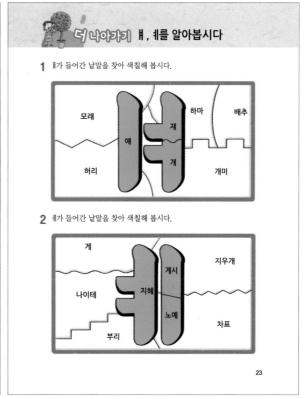

모래　하마　배추
애　재
허리　개　개미

2 ㅖ가 들어간 낱말을 찾아 색칠해 봅시다.

게　계시　지우개
나이테　지혜
부리　노예　차표

23

3

21 왜 그럴까요? ㅢ를 알아봅시다

1 또바기의 고민을 어떻게 해결할 수 있을지 생각해 봅시다.

글씨 쓰기 연습 3~4쪽

2 글자의 짜임을 생각하며, 또바기의 고민을 해결해 봅시다.

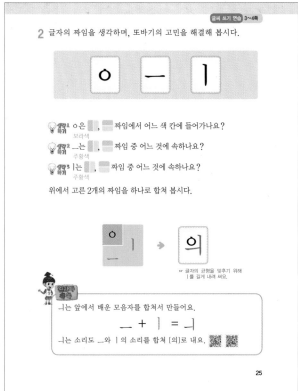

- 생각하기1 ㅇ은 ▮▮, ▬▬ 짜임에서 어느 색 칸에 들어가요?
  보라색
- 생각하기2 ㅡ는 ▮▮, ▬▬ 짜임 중 어느 것에 속하나요?
  주황색
- 생각하기3 ㅣ는 ▮▮, ▬▬ 짜임 중 어느 것에 속하나요?
  주황색

위에서 고른 2개의 짜임을 하나로 합쳐 봅시다.

☞ 글자의 균형을 맞추기 위해 ㅣ를 길게 내려 써요.

원리가 쏙쏙
ㅢ는 앞에서 배운 모음자를 합쳐서 만들어요.
ㅡ + ㅣ = ㅢ
ㅢ는 소리도 ㅡ와 ㅣ의 소리를 합쳐 [의]로 내요.

25

한걸음, 두걸음 ㅢ를 알아봅시다

1 ㅢ의 이름을 따라 읽고, 쓰는 순서를 알아봅시다.

ㅢ	ㅢ	ㅢ	ㅢ
의	의	의	의
ㅢ	ㅢ	ㅢ	ㅢ
의	의	의	의

2 ㅢ의 이름을 소리 내어 말하고, 선으로 이어 봅시다.

ㅢ •
• 희
• 믜
• 의

26

---

3 소리 내어 따라 읽고, ㅢ의 소리를 비교해 봅시다.

의자   예의   무늬   꽃의 향기

- 생각하기1 4개의 큰 글자에 공통으로 들어 있는 모음자는 무엇인가요?
  ㅢ
- 생각하기2 로 각 낱말의 소리를 듣고 ㅢ의 소리에 어떤 차이가 있는지 생각해 봅시다.

원리가 쏙쏙
ㅢ는 쓰이는 자리에 따라 소리가 달라져요.
'의자'의 '의'처럼 ㅢ가 낱말의 맨 앞에 오면 [ㅡ]와 [ㅣ]를 합쳐 [의]로 소리 내요.
'예의'의 '의'처럼 ㅢ가 낱말에서 뒤에 오면 [의]나 [이]로 소리 내요.
ㅢ가 '늬'에서는 [이]로만 소리 나요.
'꽃의 향기'처럼 낱말과 낱말을 연결하는 자리에 오면 [의]나 [에]로 소리 내요.
원리가 쏙쏙에서 배운 내용을 생각하며 3의 를 다시 한 번 듣고 따라 읽어 봅시다.

27

4

4 ㅢ가 가장 앞자리에 올 때, ㅢ의 소리를 알아봅시다. 소리 내어 따라 읽고, 따라 써 봅시다.

의사　　　　　　　의지

의사　　　　　　　의지

5 ㅢ가 가장 앞자리에 있지 않을 때, ㅢ의 소리를 알아봅시다. 소리 내어 따라 읽고, 따라 써 봅시다.

예의　　　　　　　주의

예의　　　　　　　주의

28

6 ㅢ가 '늬'나 '희'로 쓰일 때, ㅢ의 소리를 알아봅시다. 소리 내어 따라 읽고, 따라 써 봅시다.

무늬　　　　　　　너희

무늬　　　　　　　너희

7 ㅢ가 낱말과 낱말을 연결할 때, ㅢ의 소리를 알아봅시다. 소리 내어 따라 읽고, 따라 써 봅시다.

나의　　　　우리의 미소

나의　우리의　　미소

29

실력이 쑥쑥 ㅢ를 알아봅시다

? 그림에 어울리도록 빈칸을 채우고, 소리 내어 읽어 봅시다.

안개주의

저기 의자 보여?

애들아, 조심히 걸어. 우리 의 안전이 제일 중요해

희미 하게 보여.

더 나아가기 ㅢ를 알아봅시다

? 악어를 보고 깜짝 놀란 또바기가 배를 타고 도망가려고 해요. 'ㅢ'가 들어간 글자만 따라가 배까지 가 봅시다.

예의

이리

의리

희귀

이미　의미

아귀

또바기의 꼬리

31

5

22 왜 그럴까요? ㅚ, ㅟ를 알아봅시다

1 그림 속에 숨어 있는 ㅚ, ㅟ를 찾아 ○표 해 봅시다.

---

2 소리 내어 따라 읽고 ㅚ, ㅟ의 소리를 비교해 봅시다.

죄   쥐

생각1 ㅚ, ㅟ의 모양을 비교해 보세요. 비슷한 점은 무엇인가요?
ㅣ가 있다.

생각2 ㅚ, ㅟ의 모양에서 다른 점은 무엇인가요?
ㅚ는 ㅗ가 있고 ㅟ는 ㅜ가 있다.

생각3 ㅚ, ㅟ가 있는 글자를 소리 내어 따라 읽어 봅시다. 소리가
어떻게 다른가요?

ㅚ, ㅟ는 앞에서 배운 모음자를 합쳐서 만들어요.

$$ㅗ + ㅣ = ㅚ$$

ㅚ는 ㅗ와 ㅣ의 소리를 합쳐서 [외]로 소리 내요.

$$ㅜ + ㅣ = ㅟ$$

ㅟ는 ㅜ와 ㅣ의 소리를 합쳐서 [위]로 소리 내요.

한 걸음, 두 걸음 ㅚ, ㅟ를 알아봅시다

1 ㅚ, ㅟ의 이름을 따라 읽고, 쓰는 순서를 알아봅시다.

ㅚ	ㅚ	ㅟ	ㅟ
외	외	위	위
ㅚ	ㅚ	ㅟ	ㅟ
외	외	위	위

2 ㅚ, ㅟ의 이름을 소리 내어 말하고, 선으로 이어 봅시다.

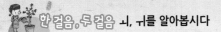

ㅚ
- 외
- 뭐
- 되
ㅟ
- 위

---

3 ㅚ의 소리를 알아봅시다. 소리 내어 따라 읽고, 따라 써 봅시다.

뇌   최고

뇌   최 고

4 ㅟ의 소리를 알아봅시다. 소리 내어 따라 읽고, 따라 써 봅시다.

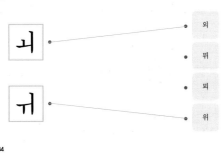

귀   가위

귀   가 위

실력이 쑥쑥 ㅚ, ㅟ를 알아봅시다

❓ 이솝우화 「해와 바람」의 한 장면입니다. 그림에 알맞은 낱말이 되도록 빈칸을 채워 봅시다.

추위   더위

외투

바위

더 나아가기 ㅚ, ㅟ를 알아봅시다

1 ㅚ가 들어간 낱말을 찾아 색칠해 봅시다.

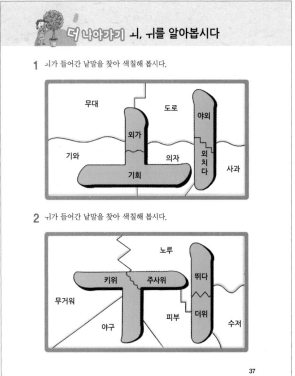

무대   도로   야외
외가
기와   의자   외치다
기회   사과

2 ㅟ가 들어간 낱말을 찾아 색칠해 봅시다.

노루
키위   주사위   뛰다
무거워   더위   수저
야구   피부

23 왜 그럴까요? ㅘ, ㅝ를 알아봅시다

1 그림 속에 숨어 있는 ㅘ, ㅝ를 찾아 ○표 해 봅시다.

2 소리 내어 따라 읽고 ㅘ, ㅝ의 소리를 비교해 봅시다.

기와   무거워

💡 1 지금까지 배운 모음자를 떠올려 보세요. ㅘ를 두 개의 모음자로 나누어 봅시다.
ㅗ와
💡 2 ㅝ를 두 개의 모음자로 나누어 봅시다.
야외
💡 3 ㅘ, ㅝ가 있는 큰 글자만 소리 내어 따라 읽어 봅시다.

선생님의 해설

ㅘ, ㅝ는 앞에서 배운 모음자를 합쳐서 만들어요.

ㅗ + ㅏ = ㅘ

ㅘ는 ㅗ와 ㅏ의 소리를 합쳐서 [와]로 소리 내요.

ㅜ + ㅓ = ㅝ

ㅝ는 ㅜ와 ㅓ의 소리를 합쳐서 [워]로 소리 내요.

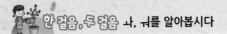

한 걸음, 두 걸음 ㅘ, ㅝ를 알아봅시다

1 ㅘ, ㅝ의 이름을 따라 읽고, 쓰는 순서를 알아봅시다.

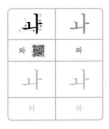

2 ㅘ, ㅝ의 이름을 소리 내어 말하고, 선으로 이어 봅시다.

3 ㅘ의 소리를 알아봅시다. 소리 내어 따라 읽고, 따라 써 봅시다.

사과

사과

과자

과자

4 ㅝ의 소리를 알아봅시다. 소리 내어 따라 읽고, 따라 써 봅시다.

뭐야

뭐야

줘

줘

40

41

실력이 쑥쑥 ㅘ, ㅝ를 알아봅시다

? 그림에 알맞은 낱말이 되도록 빈칸을 채워 봅시다.

무서 워.

치 과

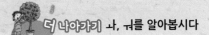

더 나아가기 ㅘ, ㅝ를 알아봅시다

1 ㅘ가 들어간 낱말을 찾아 색칠해 봅시다.

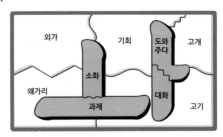

외가　기회　도와 주다　고개
소화　　　　왜가리　　대화　고기
왜가리　　　과제　　　　　고기

2 ㅝ가 들어간 낱말을 찾아 색칠해 봅시다.

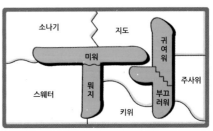

소나기　지도　귀여워
미워　　주사위
스웨터　뭐지　부끄러워
키위

43

8

왜 그럴까요? 괘, 궤를 알아봅시다

1 그림 속에 숨어 있는 괘, 궤를 찾아 ○표 해 봅시다.

2 소리 내어 따라 읽고 괘, 궤의 소리를 비교해 봅시다.

글씨 쓰기 연습 7~8쪽

왜가리   스웨터

지금까지 배운 모음자를 떠올려 보세요. 괘를 두 개의 모음자로 나누어 봅시다.
ㅗ와 ㅐ

궤를 두 개의 모음자로 나누어 봅시다.
ㅜ와 ㅔ

괘, 궤가 있는 큰 글자만 소리 내어 따라 읽어 봅시다.

괘, 궤는 앞에서 배운 모음자를 합쳐서 만들어요.

$$ㅗ + ㅐ = ㅙ$$

괘는 ㅗ와 ㅐ의 소리를 합쳐서 [왜]로 소리 내요.

$$ㅜ + ㅔ = ㅞ$$

궤는 ㅜ와 ㅔ의 소리를 합쳐서 [웨]로 소리 내요.

45

한 걸음, 두 걸음 괘, 궤를 알아봅시다

1 괘, 궤의 이름을 따라 읽고, 쓰는 순서를 알아봅시다.

괘	괘
왜	왜
괘	괘
왜	왜

궤	궤
웨	웨
궤	궤
웨	웨

2 괘, 궤의 이름을 소리 내어 말하고, 선으로 이어 봅시다.

괘

궤

외
웨
위
왜

46

---

3 괘의 소리를 알아봅시다. 소리 내어 따라 읽고, 따라 써 봅시다.

돼지   인쇄

돼지   인쇄

4 궤의 소리를 알아봅시다. 소리 내어 따라 읽고, 따라 써 봅시다.

궤도   퉤퉤

궤도   퉤퉤

47

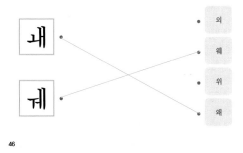

9

25 왜 그럴까요? 받침 ㅇ을 알아봅시다

글씨 쓰기 연습 8~10쪽

❓ 그림에 맞는 두 낱말을 비교해 봅시다.

코 ▦   콩 ▦

💡생각 톡톡 두 낱말의 모양을 비교해 봅시다. 무엇이 다른가요?
'콩'은 '코' 아래에 ㅇ이 있다.

💡생각 톡톡 두 낱말을 소리 내어 따라 읽어 봅시다. 소리가 어떻게 다른가요?

52

한 걸음, 두 걸음 받침 ㅇ을 알아봅시다

1 짜임의 받침 ㅇ이 있는 낱말을 알아봅시다. 소리 내어 따라 읽고, 따라 써 봅시다.

보기	
ㅂㅏ ▦ →	ㅂㅏㅇ ▦

사탕 ▦   호랑이 ▦
사탕   호랑이

구멍 ▦   사랑 ▦
구멍   사랑

53

2 짜임의 받침 ㅇ이 있는 낱말을 알아봅시다. 소리 내어 따라 읽고, 따라 써 봅시다.

보기	
ㄱㅗ ▦ →	ㄱㅗㅇ ▦

등 ▦   통 ▦
등   통

자동차 ▦   홍시 ▦
자동차   홍시

54

실력이 쑥쑥 받침 ㅇ을 알아봅시다

1 짜임의 받침 ㅇ이 있는 낱말을 알아봅시다. 소리 내어 따라 읽고, 따라 써 봅시다.

보기	
ㅇㅕㅗ ▦ →	ㅇㅕㅗㅇ ▦

여왕 ▦   횡단보도 ▦
여왕   횡단보도

55

6장 받침과 소리

2 받침 ㅇ이 있는 글자의 짜임이 같은 것끼리 선으로 이어 봅시다.

청소

웡웡

공주

강

왕관

동물

더 나아가기 받침 ㅇ을 알아봅시다

? 받침 ㅇ을 붙여 만들어지는 글자를 빈칸에 써 봅시다.

요   차   초   와

ㅇ

용   창   총   왕

---

26 왜 그럴까요? 받침 ㄱ을 알아봅시다

글씨 쓰기 연습 11~13쪽

? 그림에 맞는 두 낱말을 비교해 봅시다.

구

국

생각1 두 낱말의 모양을 비교해 봅시다. 무엇이 다른가요?
'국'은 '구' 아래에 ㄱ이 있다.

생각2 두 낱말을 소리 내어 따라 읽어 봅시다. 소리가 어떻게 다른가요?

한 걸음, 두 걸음 받침 ㄱ을 알아봅시다

1 짜임의 받침 ㄱ이 있는 낱말을 알아봅시다. 소리 내어 따라 읽고, 따라 써 봅시다.

ㅊㅐ → ㅊㅐ
              ㄱ

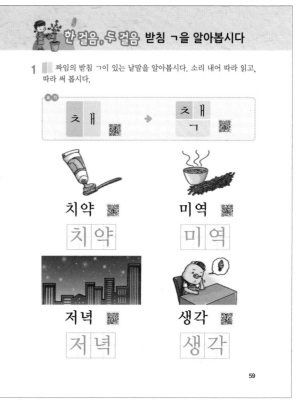

치약   미역

치약   미역

저녁   생각

저녁   생각

56

57

58

59

12

2 ▨ 짜임의 받침 ㄱ이 있는 낱말을 알아봅시다. 소리 내어 따라 읽고, 따라 써 봅시다.

육
육

속
속

가족
가족

가득
가득

60

1 ▨ 짜임의 받침 ㄱ이 있는 낱말을 알아봅시다. 소리 내어 따라 읽고, 따라 써 봅시다.

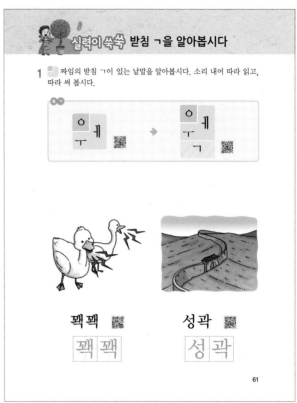

꽥꽥
꽥꽥

성곽
성곽

61

2 받침 ㄱ이 있는 글자의 짜임이 같은 것끼리 선으로 이어 봅시다.

수박

목표

쪽

꽥꽥

콱

주걱

62

더 나아가기 받침 ㄱ을 알아봅시다

❓ 받침 ㄱ을 붙여 만들어지는 글자를 빈칸에 써 봅시다.

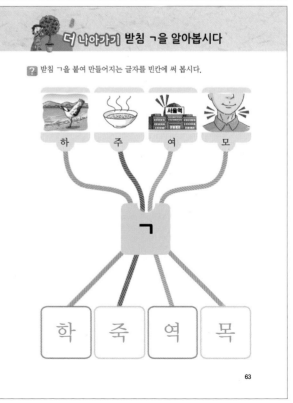

하 주 여 모

ㄱ

학 죽 역 목

63

13

6장 받침과 소리

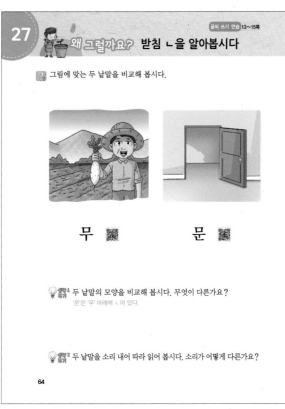

27 왜 그럴까요? **받침 ㄴ을 알아봅시다**

글씨 쓰기 연습 13~15쪽

그림에 맞는 두 낱말을 비교해 봅시다.

무   문

1 두 낱말의 모양을 비교해 봅시다. 무엇이 다른가요?
'문'은 '무' 아래에 ㄴ이 있다.

2 두 낱말을 소리 내어 따라 읽어 봅시다. 소리가 어떻게 다른가요?

64

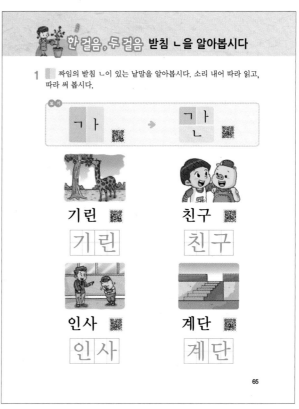

한 걸음, 두 걸음 **받침 ㄴ을 알아봅시다**

1 ☐ 짜임의 받침 ㄴ이 있는 낱말을 알아봅시다. 소리 내어 따라 읽고, 따라 써 봅시다.

보기
가 → 간

기린   친구
기린   친구

인사   계단
인사   계단

65

2 ☐ 짜임의 받침 ㄴ이 있는 낱말을 알아봅시다. 소리 내어 따라 읽고, 따라 써 봅시다.

보기
ㅅ
ㅗ
ㄴ
→
ㅅ
ㅗ
ㄴ

눈   화분
눈   화분

온도계   은행
온도계   은행

66

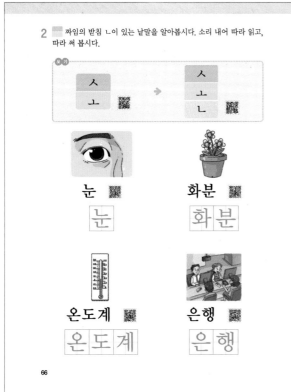

실력이 쑥쑥 **받침 ㄴ을 알아봅시다**

1 ☐ 짜임의 받침 ㄴ이 있는 낱말을 알아봅시다. 소리 내어 따라 읽고, 따라 써 봅시다.

보기
ㅇ
ㅙ
ㅗ
→
ㅇ
ㅙ
ㅗ
ㄴ

왼쪽   공원
왼쪽   공원

67

14

2 받침 ㄴ이 있는 글자의 짜임이 같은 것끼리 선으로 이어 봅시다.

시간

운동

망원경

태권도

창문

전화

68

? 받침 ㄴ을 붙여 만들어지는 글자를 빈칸에 써 봅시다.

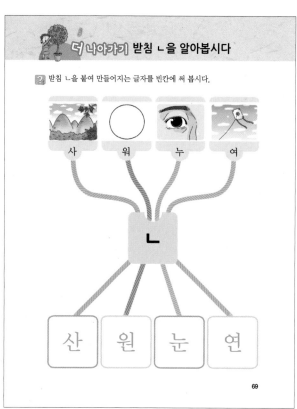

| 사 | 워 | 누 | 여 |

ㄴ

| 산 | 원 | 눈 | 연 |

69

---

28 왜 그럴까요? 받침 ㄹ을 알아봅시다
글씨 쓰기 연습 16~18쪽

? 그림에 맞는 두 낱말을 비교해 봅시다.

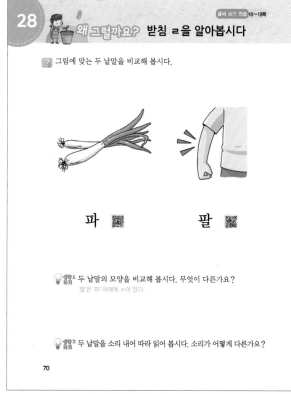

파

팔

💡생각1 두 낱말의 모양을 비교해 봅시다. 무엇이 다른가요?
'팔'은 '파' 아래에 ㄹ이 있다.

💡생각2 두 낱말을 소리 내어 따라 읽어 봅시다. 소리가 어떻게 다른가요?

70

한 걸음, 두 걸음 받침 ㄹ을 알아봅시다

1 짜임의 받침 ㄹ이 있는 낱말을 알아봅시다. 소리 내어 따라 읽고, 따라 써 봅시다.

보기
ㄷ ㅏ → ㄷ ㅏ
　　　 ㄹ

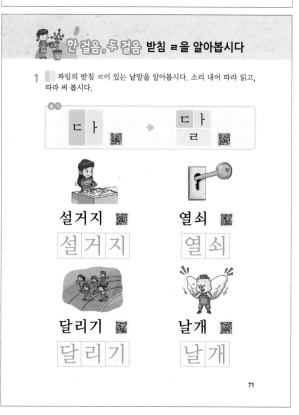

설거지
설거지

열쇠
열쇠

달리기
달리기

날개
날개

71

15

2 ▢ 짜임의 받침 ㄹ이 있는 낱말을 알아봅시다. 소리 내어 따라 읽고, 따라 써 봅시다.

보기

ㄷ		ㄷ
ㅗ	→	ㅗ
		ㄹ

글씨   동굴

글 씨   동 굴

물통   골목

물 통   골 목

72

실력이 쑥쑥 받침 ㄹ을 알아봅시다

1 ▢ 짜임의 받침 ㄹ이 있는 낱말을 알아봅시다. 소리 내어 따라 읽고, 따라 써 봅시다.

보기

ㅇ	ㅏ		ㅇ	ㅏ
ㅗ		→	ㅗ	
			ㄹ	

4월

사월   궁궐

사 월   궁 궐

73

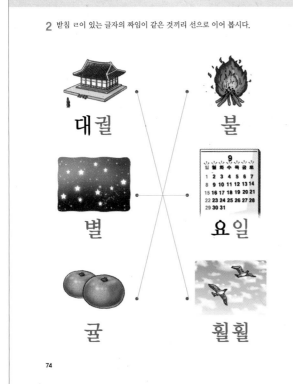

2 받침 ㄹ이 있는 글자의 짜임이 같은 것끼리 선으로 이어 봅시다.

대궐   불

별   요일

귤   훨훨

74

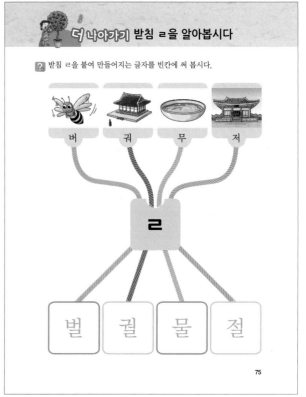

더 나아가기 받침 ㄹ을 알아봅시다

❓ 받침 ㄹ을 붙여 만들어지는 글자를 빈칸에 써 봅시다.

버   귀   무   저

ㄹ

벌   궐   물   절

75

16

29 왜 그럴까요? 받침 ㅁ을 알아봅시다

글씨 쓰기 연습 18~21쪽

❓ 그림에 맞는 두 낱말을 비교해 봅시다.

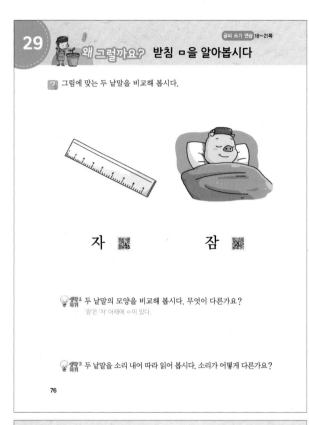

자 ▨   잠 ▨

💡1 두 낱말의 모양을 비교해 봅시다. 무엇이 다른가요?

'잠'은 '자' 아래에 ㅁ이 있다.

💡2 두 낱말을 소리 내어 따라 읽어 봅시다. 소리가 어떻게 다른가요?

76

한 걸음, 두 걸음 받침 ㅁ을 알아봅시다

1 ▨ 짜임의 받침 ㅁ이 있는 낱말을 알아봅시다. 소리 내어 따라 읽고, 따라 써 봅시다.

보기
다 ▨ → 담 ▨

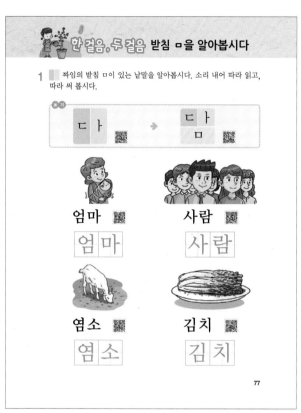

엄마 ▨   사람 ▨

엄마   사람

염소 ▨   김치 ▨

염소   김치

77

2 ▨ 짜임의 받침 ㅁ이 있는 낱말을 알아봅시다. 소리 내어 따라 읽고, 따라 써 봅시다.

보기
고 ▨ → 곰 ▨

솜 ▨   이름 ▨

솜   이름

가슴 ▨   한숨 ▨

가슴   한숨

78

실력이 쑥쑥 받침 ㅁ을 알아봅시다

1 ▨ 짜임의 받침 ㅁ이 있는 낱말을 알아봅시다. 소리 내어 따라 읽고, 따라 써 봅시다.

보기
가 ▨ → 감 ▨

쥠 ▨   휨 ▨

쥠   휨

79

2 받침 ㅁ이 있는 글자의 짜임이 같은 것끼리 선으로 이어 봅시다.

솜씨

그림자

단감

쫌

꿈

기름

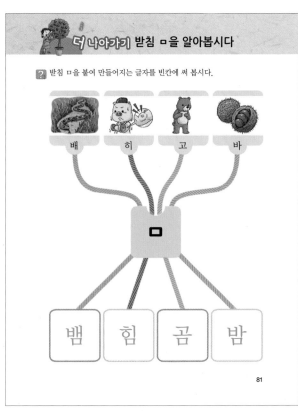

더 나아가기 받침 ㅁ을 알아봅시다

? 받침 ㅁ을 붙여 만들어지는 글자를 빈칸에 써 봅시다.

배   히   고   바

ㅁ

뱀   힘   곰   밤

30 왜 그럴까요? 받침 ㅂ을 알아봅시다

글씨 쓰기 연습 21~23쪽

? 그림에 맞는 두 낱말을 비교해 봅시다.

지다   집다

생각샘 두 낱말의 모양을 비교해 봅시다. 무엇이 다른가요?
'집다'는 '지다' 아래에 ㅂ이 있다.

생각샘 두 낱말을 소리 내어 따라 읽어 봅시다. 소리가 어떻게 다른가요?

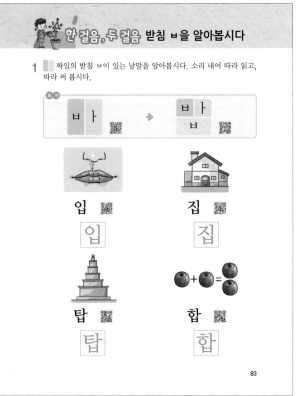

한걸음, 두걸음 받침 ㅂ을 알아봅시다

1 짜임의 받침 ㅂ이 있는 낱말을 알아봅시다. 소리 내어 따라 읽고, 따라 써 봅시다.

ㅂ ㅏ → ㅂ ㅏ / ㅂ

입   집

입   집

탑   합

탑   합

2 □ 짜임의 받침 ㅂ이 있는 낱말을 알아봅시다. 소리 내어 따라 읽고, 따라 써 봅시다.

눈곱   말발굽

눈곱   말발굽

돕다   이솝

돕다   이솝

84

1 □ 짜임의 받침 ㅂ이 있는 낱말을 알아봅시다. 소리 내어 따라 읽고, 따라 써 봅시다.

쉽다   뵙다

쉽다   뵙다

85

2 받침 ㅂ이 있는 글자의 짜임이 같은 것끼리 선으로 이어 봅시다.

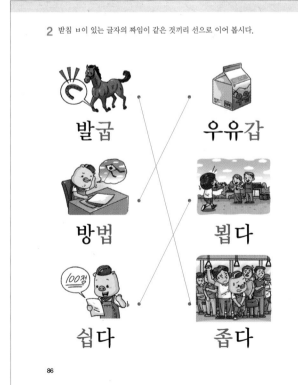

발굽   우유갑

방법   뵙다

쉽다   좁다

86

? 받침 ㅂ을 붙여 만들어지는 글자를 빈칸에 써 봅시다.

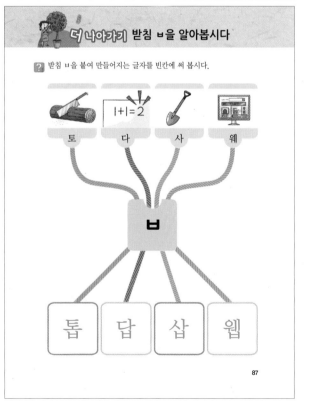

토   다   사   웨

ㅂ

톱   답   삽   웹

87

19

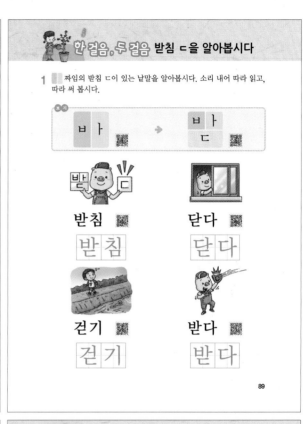

6장

받침과 소리

31 왜 그럴까요? 받침 ㄷ을 알아봅시다

글씨 쓰기 연습 23~25쪽

그림에 맞는 두 낱말을 비교해 봅시다.

시다   싣다

생각 톡톡 1 두 낱말의 모양을 비교해 봅시다. 무엇이 다른가요?
'싣다'는 '시다' 아래에 ㄷ이 있다.

생각 톡톡 2 두 낱말을 소리 내어 따라 읽어 봅시다. 소리가 어떻게 다른가요?

88

한 걸음, 두 걸음 받침 ㄷ을 알아봅시다

1 ▭ 짜임의 받침 ㄷ이 있는 낱말을 알아봅시다. 소리 내어 따라 읽고, 따라 써 봅시다.

보기

바 → 받

받침   닫다
받침   닫다

걷기   받다
걷기   받다

89

---

2 ▭ 짜임의 받침 ㄷ이 있는 낱말을 알아봅시다. 소리 내어 따라 읽고, 따라 써 봅시다.

보기

고 → 곧

숟가락   돋보기
숟가락   돋보기

곧   쏟다
곧   쏟다

90

실력이 쑥쑥 받침 ㄷ을 알아봅시다

1 받침 ㄷ이 있는 글자의 짜임이 같은 것끼리 선으로 이어 봅시다.

받침   곧장

숟가락   걷다

91

20

더 나아가기 받침 ㄷ을 알아봅시다

1 받침 ㄷ을 붙여 만들어지는 글자를 빈칸에 써 봅시다.

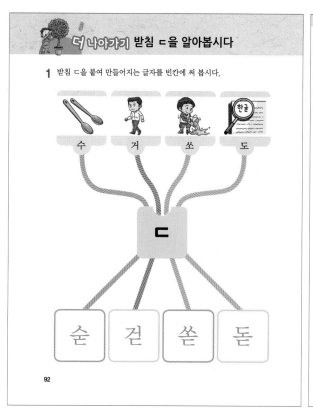

2 '도'를 싣고 가는 기차가 7개의 받침 ㅇ, ㄱ, ㄴ, ㄹ, ㅁ, ㅂ, ㄷ을 만나 만들어지는 글자를 빈칸에 써 봅시다.

받침을 'ㄱ, ㄴ, ㄷ, ㄹ, ㅁ, ㅂ, ㅇ' 7개만 배우는 이유가 궁금하다고요? 이 받침들은 글자와 소리가 똑같이 나기 때문이에요. 글자와 소리가 다르게 나는 다른 받침 'ㅅ, ㅈ, ㅊ, ㅌ, ㅍ, ㅎ, ㄲ, ㅆ'은 45~48단원에서 자세히 배울 거예요.

32 왜 그럴까요?

받침이 뒤 글자로 넘어가 소리 나요(걸음/거름)

1 또바기가 보낸 문자 메시지를 읽고, 모도리가 어리둥절해 한 이유가 무엇일까요?

한 거름?

한 거름 정도 돼.

➡ 소리 내어 읽고, 글자와 소리가 다른 것에 ○표 해 봅시다.

걸음	친구	우리
놀이	나무	길이

96

글씨 쓰기 연습 25~27쪽

2 소리 내어 읽고, 소리 나는 대로 [ ] 안에 써 봅시다.

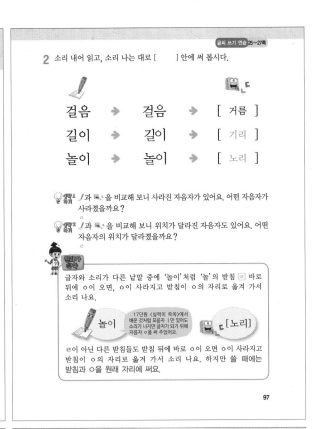

걸음	➡	걸음	➡	[거름]
길이	➡	길이	➡	[기리]
놀이	➡	놀이	➡	[노리]

생각쑥쑥1 ✏️과 📠을 비교해 보니 사라진 자음자가 있어요. 어떤 자음자가 사라졌을까요?

생각쑥쑥2 ✏️과 📠을 비교해 보니 위치가 달라진 자음자도 있어요. 어떤 자음자의 위치가 달라졌을까요?

딱딱쑥쑥

글자와 소리가 다른 낱말 중에 '놀이'처럼 '놀'의 받침 ㄹ 바로 뒤에 ㅇ이 오면, ㅇ이 사라지고 받침이 ㅇ의 자리로 옮겨 가서 소리 나요.

놀이 → 📠 [노리]

17단원 <실력이 쑥쑥>에서 배운 것처럼 모음자 ㅣ만 있어도 소리가 나지만 글자가 되기 위해 자음자 ㅇ을 써 주었어요.

ㄹ이 아닌 다른 받침들도 받침 뒤에 바로 ㅇ이 오면 ㅇ이 사라지고 받침이 ㅇ의 자리로 옮겨 가서 소리 나요. 하지만 쓸 때에는 받침과 ㅇ을 원래 자리에 써요.

97

한 걸음, 두 걸음

받침이 뒤 글자로 넘어가 소리 나요(걸음/거름)

1 소리 내어 읽고, 위치가 달라지는 자음자를 찾아 ○표 해 봅시다. 그리고 나서 빈칸에 따라 써 봅시다.

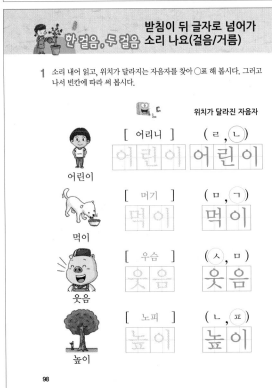

위치가 달라진 자음자

📠	위치가 달라진 자음자
[어리니] 어린이	(ㄹ , ㄴ) 어린이
[머기] 먹이	(ㅁ , ㄱ) 먹이
[우슴] 웃음	(ㅅ , ㅁ) 웃음
[노피] 높이	(ㄴ , ㅍ) 높이

98

---

2 소리 내어 읽고, 바르게 쓴 것을 선으로 이어 봅시다.

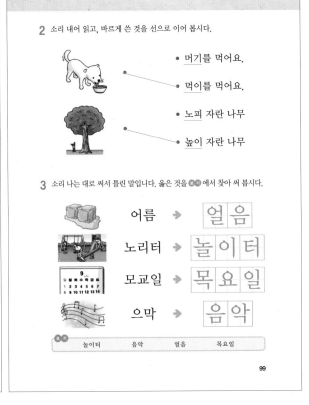

• 머기를 먹어요.

• 먹이를 먹어요.

• 노피 자란 나무

• 높이 자란 나무

3 소리 나는 대로 써서 틀린 말입니다. 옳은 것을 보기에서 찾아 써 봅시다.

어름	➡	얼음
노리터	➡	놀이터
모교일	➡	목요일
으막	➡	음악

보기
놀이터	음악	얼음	목요일

99

실력이 쑥쑥 받침이 뒤 글자로 넘어가 소리 나요(걸음/거름)

1 배운 내용을 생각하며, 틀린 글자를 바르게 고쳐 써 봅시다.

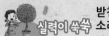

온화한 할머니 우슴
온화한 할머니 [웃] [음]

예의바른 어리니
예의바른 [어] [린] [이]

하라버지의 수염
[할] [아] [버] [지] 의 수염

! ? 느낌표와 무름표
느낌표와 [물] [음] 표

100

---

2 잘못 쓴 부분을 ◯◯ 처럼 바르게 고쳐 써 봅시다. 그리고 완성된 문장을 소리 내어 바르게 읽어 봅시다.

어름이 녹아요.
[얼음이 녹아요] .

이 치마는 기리가 길다.
[이 치마는 길이가 길다] .

친구와 노리터에 간다.
[친구와 놀이터에 간다] .

내일이 모교일이에요.
[내일이 목요일이에요] .

101

더 나아가기 받침이 뒤 글자로 넘어가 소리 나요(걸음/거름)

1 낱말이 완성되도록 ◯◯ 에서 알맞은 글자를 골라 빈칸에 써 봅시다.

		음		아	

	①받				
②할	아	버	지		④물
	쓰				③음 악
	기				표

2 1에서 만든 낱말을 소리 내어 읽고, 빈칸에 써 봅시다.

① 받아쓰기 ② 할아버지 ③ 음악 ④ 물음표

---

3 정말 열심히 공부했어요. 지금까지 배운 내용을 생각하며 2에서 찾은 말들의 규칙을 스스로 정리해 봅시다.

글자와 소리가 다른 낱말 중에 '목요일'처럼 '목'의 받침 ㄱ 바로 뒤에 ㅇ이 오면, 받침이 ㅇ의 자리로 옮겨 가서 소리 나요. 하지만 쓸 때에는 (받침)과 ㅇ을 원래 자리에 써요.

	받침	ㄱ	ㅇ

4 부모님이나 선생님이 불러 주시는 말을 바르게 써 봅시다.

① 무서운 악어

② 높이뛰기

③ 아장아장 걸음마

④ 월요일부터 일요일까지

⑤ 목욕탕에 가요 .

103

23

33 왜 그럴까요?

받침이 뒤 글자로 넘어가 소리 나요(물을/무를)

1 엄마가 사 오신 물건을 보고 또바기가 깜짝 놀란 이유가 무엇일까요?

➡ 다음 말을 소리 내어 읽고, 글자와 소리가 다른 것에 ○표 해 봅시다.

물

물을　　물이　　물도

물만　　물에

104

글씨 쓰기 연습 27~30쪽

2 다음 말을 처음에는 한 글자씩 읽고, 다음에는 이어 읽어 봅시다. 읽으면서 소리 나는 대로 [　　] 안에 써 봅시다.

물 + 을 [물] [을]	➡	물을	[무를]
물 + 이 [물] [이]	➡	물이	[무리]
물 + 에 [물] [에]	➡	물에	[무레]

읽기1 과 을 비교해 보니 사라진 자음자가 있어요. 어떤 자음자가 사라졌을까요?

읽기2 과 을 비교해 보니 위치가 달라진 자음자도 있어요. 어떤 자음자의 위치가 달라졌을까요?

알아봐요
3단원을 떠올려 봅시다. 한 글자씩 읽을 때와 이어 읽을 때 소리가 달라지는 경우가 있어요. '물'에 '을'이 더해진 '물을'에서 '물'의 받침 ㄹ 바로 뒤에 ㅇ이 오면, 받침이 ㅇ의 자리로 옮겨 가서 소리 나요.

 물을 [무를]

이렇게 받침 뒤에 ㅇ이 오면 받침이 ㅇ의 자리로 옮겨 가서 소리 나요. 하지만 쓸 때에는 받침과 ㅇ을 원래 자리에 써요.

105

한 걸음, 두 걸음

받침이 뒤 글자로 넘어가 소리 나요(물을/무를)

1 소리 내어 읽고, 위치가 달라지는 자음자를 찾아 ○표 해 봅시다. 그리고 나서 빈칸에 따라 써 봅시다.

　　위치가 달라진 자음자

(집)+(에)
[지베]　(ㅈ , ㅂ)
집에　　집에

(꽃)+(이)
[꼬치]　(ㄲ , ㅊ)
꽃이　　꽃이

(사람)+(은)
[사라믄]　(ㅅ , ㄹ , ㅁ)
사람은　사람은

(무릎)+(을)
[무르플]　(ㅍ , ㄹ)
무릎을　무릎을

106

---

2 소리 내어 읽고, 바르게 쓴 것에 ○표 해 봅시다.

친구네 강아지 (생가글 / 생각을) 한다.

내가 한 (것이 / 거시) 아니에요!

3 소리 나는 대로 써서 틀린 말입니다. 옳은 것을 보기에서 찾아 써 봅시다.

 지베 ➡ 집에

 선생니믄 ➡ 선생님은

 부어케 ➡ 부엌에

 나제 ➡ 낮에

보기　낮에　　부엌에　　선생님은　　집에

107

24

받침이 뒤 글자로 넘어가 소리 나요(물을/무를)

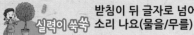

실력이 쑥쑥

1 배운 내용을 생각하며, 틀린 글자를 바르게 고쳐 써 봅시다.

까만 저미
까만 점이

빨간 꼬치 피었어요.
빨간 꽃이 피었어요.

선생니믄 친절하시다.
선생님은 친절하시다.

무르플 다치다.
무릎을 다치다.

108

---

2 또바기의 일기를 읽고, 틀린 부분을 찾아 ○표 해 봅시다.

20xx년 x월 x일 x요일   날씨:
 놀이터 가는 길에 신기한 것을 보았어요.
하느레 하얀 달이 있었어요.
나제 달이 떴어요. 모도리에게 말해 줘야겠어요.
얼른 지브로 돌아왔어요.

3 2에서 ○표 한 말이 들어 있는 문장을 바르게 고쳐 써 봅시다.

① 하늘에 하얀 달이 있었어요   .

② 낮에 달이 떴어요   .

③ 얼른 집으로 돌아왔어요   .

109

받침이 뒤 글자로 넘어가 소리 나요(물을/무를)

더 나아가기

1 보기의 말이 바른 말이 되도록 선으로 이어 봅시다.

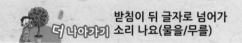

그리믈   방버비   꼬츤   아페

① 그림 · · 이
② 방법 · · 을
③ 꽃 · · 에
④ 앞 · · 은

2 1에서 찾아낸 말을 빈칸에 써 봅시다. 그리고 나서 소리 내어 읽고, 위치가 달라진 자음자를 찾아 써 봅시다.

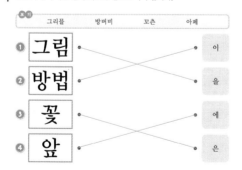

① 그림을 위치가 달라진 자음자 ㅁ
② 방법이 위치가 달라진 자음자 ㅂ
③ 꽃은 위치가 달라진 자음자 ㅊ
④ 앞에 위치가 달라진 자음자 ㅍ

---

3 정말 열심히 공부했어요. 지금까지 배운 내용을 생각하며 2에서 찾은 말들의 규칙을 스스로 정리해 봅시다.

이렇게 정리해요

한 글자씩 읽을 때와 이어 읽을 때 소리가 달라지는 경우가 있어요.
'꽃'에 '이'가 더해진 '꽃이'에서 꽃의 받침 ㅊ 바로 뒤에 ㅇ이 오면, ㅊ이 ㅇ의 자리로 옮겨 가서 소리 나요.
이렇게 받침 뒤에 바로 (ㅇ)이 오면 받침이 ㅇ의 자리로 옮겨 가서 소리 나요. 하지만 쓸 때에는 (받침)과 ㅇ을 원래 자리에 써요.

받침 ㅇ ㅊ

4 부모님이나 선생님이 불러 주시는 말을 바르게 써 봅시다.

① 목이 마르다   .

② 하늘에 구름이 두둥실   .

③ 앞으로 나란히   .

④ 부엌에서 보글보글 소리가   .

⑤ 손목에 팔찌를 차요   .

111

25

34

왜 그럴까요?

받침이 뒤 글자로 넘어가 소리 나요(늘이다/느리다)

1 또바기가 한 문자 메시지를 읽고 모도리가 거북이를 떠올린 이유가 무엇일까요?

또바기가 잘 만들었네.

기린 멋지다.

그거 사슴이야.

목이 길어서 기린인 줄 알았네.

목을 느리다 보니 너무 길어졌어.

목이 느리다고?

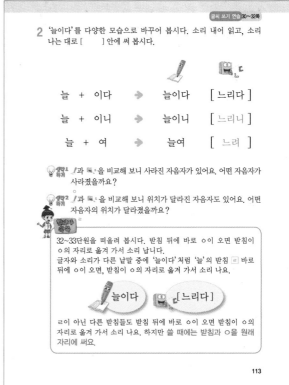

2 '늘이다'를 다양한 모습으로 바꾸어 봅시다. 소리 내어 읽고, 소리 나는 대로 [   ] 안에 써 봅시다.

늘 + 이다 ➡ 늘이다 [느리다]

늘 + 이니 ➡ 늘이니 [느리니]

늘 + 여 ➡ 늘여 [느려]

생각1 ✏️과 📱을 비교해 보니 사라진 자음자가 있어요. 어떤 자음자가 사라졌을까요?

생각2 ✏️과 📱을 비교해 보니 위치가 달라진 자음자도 있어요. 어떤 자음자의 위치가 달라졌을까요?

> 알아두기 쏙쏙
>
> 32~33단원을 떠올려 봅시다. 받침 뒤에 바로 ㅇ이 오면 받침이 ㅇ의 자리로 옮겨 가서 소리 납니다.
> 글자와 소리가 다른 낱말 중에 '늘이다'처럼 '늘'의 받침 ㄹ 바로 뒤에 ㅇ이 오면, 받침이 ㅇ의 자리로 옮겨 가서 소리 나요.
>
> 늘이다 ➡ [느리다]
>
> ㄹ이 아닌 다른 받침들도 받침 뒤에 바로 ㅇ이 오면 받침이 ㅇ의 자리로 옮겨 가서 소리 나요. 하지만 쓸 때에는 받침과 ㅇ을 원래 자리에 써요.

113

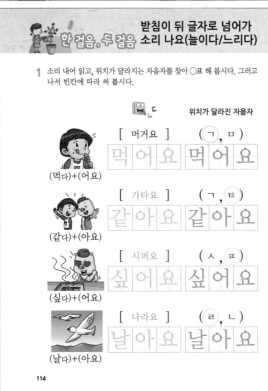

받침이 뒤 글자로 넘어가 소리 나요(늘이다/느리다)

한 걸음, 두 걸음

1 소리 내어 읽고, 위치가 달라지는 자음자를 찾아 ○표 해 봅시다. 그리고 나서 빈칸에 따라 써 봅시다.

위치가 달라진 자음자

[머거요] (ㄱ , ㅁ)
먹 어 요   먹 어 요
(먹다)+(어요)

[가타요] (ㄱ , ㅌ)
같 아 요   같 아 요
(같다)+(아요)

[시퍼요] (ㅅ , ㅍ)
싫 어 요   싫 어 요
(싫다)+(어요)

[나라요] (ㄹ , ㄴ)
날 아 요   날 아 요
(날다)+(아요)

114

2 소리 내어 읽고, 바르게 쓴 것을 선으로 이어 봅시다.

• 고무줄이 느러나다.

• 고무줄이 늘어나다.

• 자리에서 일어나다.

• 자리에서 이러나다.

3 소리 나는 대로 써서 틀린 말입니다. 옳은 것을 보기에서 찾아 써 봅시다.

나라가다 ➡ 날 아 가 다

다다요 ➡ 닫 아 요

쪼차가다 ➡ 쫓 아 가 다

차자보다 ➡ 찾 아 보 다

보기
날아가다   찾아보다   쫓아가다   닫아요

115

실력이 쑥쑥

받침이 뒤 글자로 넘어가 소리 나요(늘이다/느리다)

1 배운 내용을 생각하며, 틀린 글자를 바르게 고쳐 써 봅시다.

문을 다다요.
문을 달아요.

여기에 사라요.
여기에 살아요.

동생이 보고 시퍼요.
동생이 보고 싶어요.

종이비행기를 만드러요.
종이비행기를 만들어요.

116

---

2 「똑같아요」 악보에 가사가 잘못 쓰여 있어요. 바르게 고쳐 쓴 뒤에 노래를 불러 봅시다.

무엇이 무엇이 똑같은가?

젓가락 두 짝이 똑같아요.

더 나아가기

받침이 뒤 글자로 넘어가 소리 나요(늘이다/느리다)

1 낱말이 완성되도록 보기에서 알맞은 글자를 골라 빈칸에 써 봅시다.

보기 어 아

①일
②들 어 가 다   ④막
    나   ③날 아 요
    다   요

2 1에서 찾아낸 말을 빈칸에 써 봅시다. 그러고 나서 소리 내어 읽고, 위치가 달라진 자음자를 찾아 써 봅시다.

① 일어나다 / 위치가 달라진 자음자 ㄹ
② 들어가다 / 위치가 달라진 자음자 ㄷ
③ 날아요 / 위치가 달라진 자음자 ㄹ
④ 막아요 / 위치가 달라진 자음자 ㄱ

---

3 정말 열심히 공부했어요. 지금까지 배운 내용을 생각하며 2에서 찾은 말들의 규칙을 스스로 정리해 봅시다.

이렇게 정리해요.

글자와 소리가 다른 낱말 중에 '같아요'처럼 '같'의 받침 ㅌ 바로 뒤에 ㅇ이 오면, 받침이 ㅇ의 자리로 옮겨 가서 소리 나요. 이렇게 받침 뒤에 (ㅇ)이 오면 (받침)이 ㅇ의 자리로 옮겨 가서 소리 나요. 하지만 쓸 때에는 받침과 ㅇ을 원래 자리에 써요.

보기 받침   ㅇ   ㅌ

4 부모님이나 선생님이 불러 주시는 말을 바르게 써 봅시다.

① 옷이 늘어나다   .
② 새가 훨훨 날아요   .
③ 음식을 만들어요   .
④ 가방 속을 찾아봐   .
⑤ 경찰이 도둑을 잡아요   .

119

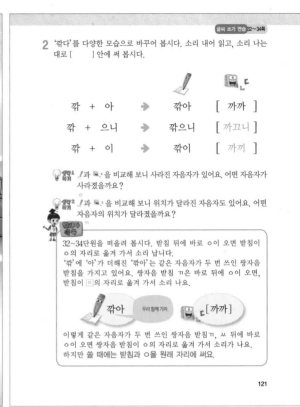

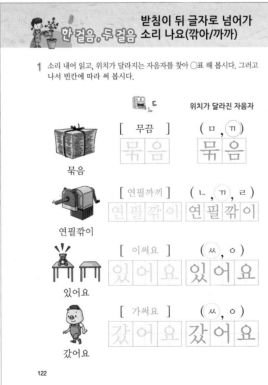

실력이 쑥쑥 받침이 뒤 글자로 넘어가 소리 나요(깎아/까까)

1 배운 내용을 생각하며, 틀린 글자를 바르게 고쳐 써 봅시다.

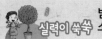 꽃을 꺼꺼서
꽃을 | 꺾 | 어 | 서 |

 이를 다까요.
이를 | 닦 | 아 | 요 | .

 잘 해쓰면 좋겠어요.
잘 | 했 | 으 | 면 | 좋겠어요.

 텔레비전을 꺼써요.
텔레비전을 | 껐 | 어 | 요 | .

124

---

2 글을 읽고 틀린 부분에 ○표 해 봅시다.

무지개를 색칠할 거예요.
팔레트에 물감을 짜써요.
"빨, 주, 노, 초, 파, 남.
어? 보라색이 없어요."

빨강색이랑 파랑색을 서요.
보라색이 만들어졌어요. 예쁜
무지개를 그려써요.

3 2에서 ○표 한 낱말이 들어 있는 문장을 바르게 고쳐 써 봅시다.

❶ | 팔레트에 물감을 짰어요 | .
❷ | 빨강색이랑 파랑색을 섞어요 | .
❸ | 예쁜 무지개를 그렸어요 |

125

더 나아가기 받침이 뒤 글자로 넘어가 소리 나요(깎아/까까)

1 빨간색 글자들은 받침이 필요한 글자입니다. 낱말이 완성되도록 알맞은 받침을 골라 선으로 이어 봅시다.

| ❶ | ❷ | ❸ | ❹ |
| 손톱까이 | 져어요 | 이겨어요 | 무어요 |

쓰 **ㄲ**

2 1에서 찾아낸 낱말을 빈칸에 써 봅시다.

| ❶ | ❷ | ❸ | ❹ |
| 손톱깎이 | 겼어요 | 이겼어요 | 묶어요 |

---

3 정말 열심히 공부했어요. 지금까지 배운 내용을 생각하며 2에서 찾은 말들의 규칙을 스스로 정리해 봅시다.

'닭'에 '아'가 더해진 '닦아'는 같은 자음자가 두 번 쓰인 쌍자음 받침이에요. 쌍자음 받침 ㄲ 바로 뒤에 ㅇ이 오면, (쌍자음 받침)이 ㅇ의 자리로 옮겨 가서 소리 나요.
하지만 쓸 때에는 쌍자음 받침과 ㅇ을 원래 자리에 써요.

| 쌍자음 받침 | ㅇ | ㄲ |

4 부모님이나 선생님이 불러 주시는 말을 바르게 써 봅시다.

❶ | 집에 갔어요 | .
❷ | 밖에 나가 놀다 | .
❸ | 저 여기 있어요 | .
❹ | 연필깎이로 연필을 깎아요 | .
❺ | 신발 끈을 묶어요 | .

127

29

'강한 소리' 되기와 쓰기 마법

36 왜 그럴까요? ㄱ받침 뒤의 글자가 강하게 소리 나요(깍두기/깍뚜기)

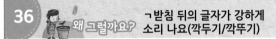

1 또바기가 궁금해하는 낱말을 소리 내어 읽어 보고, 바른 소리라고 생각하는 쪽의 (   ) 안에 ○표 해 봅시다.

엄마, [깍뚜기]인데 왜 '깍두기'라고 쓰여 있는 거예요?

음, 그건 말이지……

➡ 어느 쪽의 소리가 더 편하게 느껴지는지 생각하며, 낱말을 소리 내어 읽어 봅시다.

또바기가 궁금해하는 낱말	깍두기
	[깍두기] ( ) [깍뚜기] (○)

130

글씨 쓰기 연습 35~37쪽

2 소리 내어 읽고, 소리 나는 대로 [   ] 안에 써 봅시다.

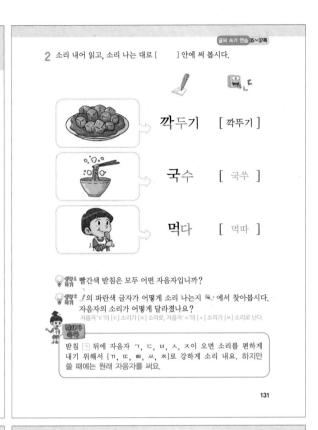

깍두기 [깍뚜기]

국수 [국쑤]

먹다 [먹따]

💡생각1 빨간색 받침은 모두 어떤 자음자입니까?

💡생각2 의 파란색 글자가 어떻게 소리 나는지 에서 찾아봅시다. 자음자의 소리가 어떻게 달라졌나요?
자음자 'ㄷ'의 [ㄷ] 소리가 [ㄸ] 소리로, 자음자 'ㅅ'의 [ㅅ] 소리가 [ㅆ] 소리로 난다.

맞춤법 쏙쏙 받침 ㄱ 뒤에 자음자 ㄱ, ㄷ, ㅂ, ㅅ, ㅈ이 오면 소리를 편하게 내기 위해서 [ㄲ, ㄸ, ㅃ, ㅆ, ㅉ]로 강하게 소리 내요. 하지만 쓸 때에는 원래 자음자를 써요.

131

한 걸음, 두 걸음 ㄱ받침 뒤의 글자가 강하게 소리 나요(깍두기/깍뚜기)

1 받침 ㄱ 뒤의 자음자가 강하게 소리 나는 낱말입니다. 빈칸에 따라 써 봅시다.

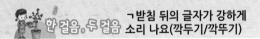

학교 [학꾜]

학교
학교

국자 [국짜]

국자
국자

약속 [약쏙]

약속
약속

악보 [악뽀]

악보
악보

132

---

2 반대말끼리 연결되도록 선으로 이어 봅시다.

크다 ↔ ● ● 작다
● 작따
● 죽따
살다 ↔ ● ● 죽다

3 소리 나는 대로 써서 틀린 낱말입니다. 옳은 것을 보기에서 찾아 써 봅시다.

책쌍 ➡ 책상

색종이 ➡ 색종이

숙쩨 ➡ 숙제

막때기 ➡ 막대기

보기 책상   막대기   색종이   숙제

133

실력이 쑥쑥
ㄱ받침 뒤의 글자가 강하게 소리 나요(깍두기/깍뚜기)

1 배운 내용을 생각하며, 틀린 글자를 바르게 고쳐 써 봅시다.

목쏘리가 커요.
목소리가 커요.

벽에 낙써하지 말자.
벽에 **낙서**하지 말자.

걱쩡스러운 얼굴
걱정스러운 얼굴

자기 일은 자기가 직쩝 해요.
자기 일은 자기가 **직접** 해요.

134

2 틀린 문장을 보기처럼 바르게 고쳐 써 봅시다. 그리고 고친 문장을 소리 내어 읽어 봅시다.

식싸 시간에 앉아서 먹어요.
식사 시간에 앉아서 먹어요.

약쏙 시간을 지켜요.
약속 시간을 지켜요.

악뽀를 보고 연주해요.
악보를 보고 연주해요.

반듯이 직썬을 그려요.
반듯이 직선을 그려요.

135

더 나아가기
ㄱ받침 뒤의 글자가 강하게 소리 나요(깍두기/깍뚜기)

1 「색종이」악보에 가사가 잘못 쓰여 있어요. 바르게 고쳐 쓴 뒤에 노래를 불러 봅시다.

색종이
유정숙 작사
김동학 작곡

색종이를 곱-게 접 어서   물감으로 예쁘게 색칠하고
색종이를 곱게 접어서 물감으로 예쁘게 색칠하고

알록달록 오색썰 꼬리달아   비행기를 만-들 자
알록달록 오색실 꼬리달아 비행기를 만들자

2 정말 열심히 공부했어요. 지금까지 배운 내용을 생각하며 1에서 찾은 낱말들의 규칙을 스스로 정리해 봅시다.

어떻게 정리할까요

받침 ㄱ 뒤에 자음자 ㄱ, ㄷ, ㅂ, ㅅ, ㅈ이 오면 소리를 편하게 내기 위해서 [ㄲ, ㄸ, ㅃ, ㅆ, ㅉ]로 (강하게) 소리 내요. 하지만 쓸 때에는 원래 자음자를 써요.

보기		
강하게	ㄱ	ㄲ

3 부모님이나 선생님이 불러 주시는 말을 바르게 써 봅시다.

① 축구를 하다 .

② 수족관에 가다 .

③ 낙서를 하지 말자 .

④ 아픈 친구를 걱정한다 .

⑤ 깍두기를 먹다 .

137

8장 '강한 소리' 되기와 쓰기 마법

37 왜 그럴까요? | ㄷ받침 뒤의 글자가 강하게 소리 나요(걷다/걷따)

1 엄마와 또바기가 읽는 방법이 왜 다를까요? 낱말을 소리 내어 읽어 보고, 바른 소리라고 생각하는 쪽의 (   ) 안에 ○표 해 봅시다.

➡ 엄마와 또바기 중 누구의 소리가 더 편하게 느껴지는지 생각하며, 낱말을 소리 내어 읽어 봅시다.

	걷다
	[걷다] ( ) [걷따] (○)

138

글씨 쓰기 연습 37~38쪽

2 소리 내어 읽고, 소리 나는 대로 [   ] 안에 써 봅시다.

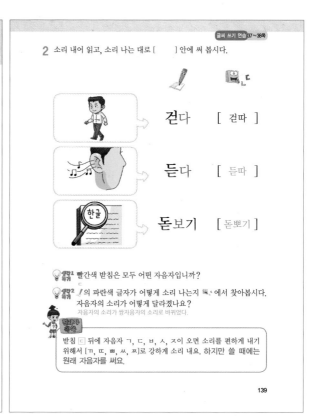

걷다 [걷따]

듣다 [듣따]

돋보기 [돋뽀기]

💡생각1 빨간색 받침은 모두 어떤 자음자입니까?

💡생각2 의 파란색 글자가 어떻게 소리 나는지 에서 찾아봅시다. 자음자의 소리가 어떻게 달라졌나요?
자음자의 소리가 쌍자음자의 소리로 바뀌었다.

받침 ㄷ 뒤에 자음자 ㄱ, ㄷ, ㅂ, ㅅ, ㅈ이 오면 소리를 편하게 내기 위해서 [ㄲ, ㄸ, ㅃ, ㅆ, ㅉ]로 강하게 소리 나요. 하지만 쓸 때에는 원래 자음자를 써요.

139

한 걸음, 두 걸음 | ㄷ받침 뒤의 글자가 강하게 소리 나요(걷다/걷따)

1 받침 ㄷ 뒤의 자음자가 강하게 소리 나는 낱말입니다. 빈칸에 따라 써 봅시다.

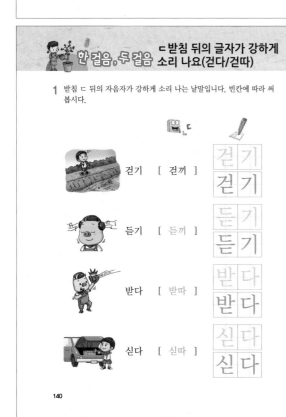

걷기 [걷끼] 걷기 걷기

듣기 [듣끼] 듣기 듣기

받다 [받따] 받다 받다

싣다 [싣따] 싣다 싣다

140

---

2 소리 내어 읽고, 바르게 쓴 것에 ○표 해 봅시다.

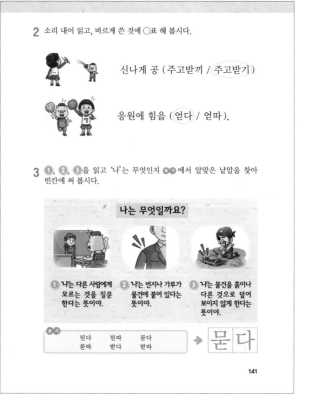

신나게 공 (주고받끼 / 주고받기)

응원에 힘을 (얻다 / 얻따).

3 ①, ②, ③을 읽고 '나'는 무엇인지 에서 알맞은 낱말을 찾아 빈칸에 써 봅시다.

나는 무엇일까요?

① 나는 다른 사람에게 모르는 것을 질문한다는 뜻이야.

② 나는 먼지나 가루가 물건에 붙어 있다는 뜻이야.

③ 나는 물건을 흙이나 다른 것으로 덮어 보이지 않게 한다는 뜻이야.

보기
믿다 믿따 묻다
묻따 받다 받따

➡ 묻다

141

32

실력이 쑥쑥 ㄷ받침 뒤의 글자가 강하게 소리 나요(걷다/걷따)

1 배운 내용을 생각하며, 틀린 글자를 바르게 고쳐 써 봅시다.

공을 주고받끼
공을 | 주 | 고 | 받 | 기 |

차에 짐을 가득 싣꼬
차에 짐을 가득 | 싣 | 고 |

엄마는 나를 믿꼬 사랑해요.
엄마는 나를 | 믿 | 고 | 사랑해요.

경기에서 돋뽀이다.
경기에서 | 돋 | 보 | 이다.

142

---

2 틀린 문장을 보기처럼 바르게 고쳐 써 봅시다. 그리고 고친 문장을 소리 내어 읽어 봅시다.

보기

걷끼 운동을 하면 건강해져요.
걷기 운동을 하면 건강해져요.

공짜로 얻따.
공짜로 얻다 .

듣꼬 싶은 노래를 들어요.
듣고 싶은 노래를 들어요 .

돋뽀기로 보면 크게 보여요.
돋보기로 보면 크게 보여요 .

143

더 나아가기 ㄷ받침 뒤의 글자가 강하게 소리 나요(걷다/걷따)

1 낱말이 완성되도록 보기에서 알맞은 글자를 골라 빈칸에 써 봅시다.

보기 | 돋 | 묻 |

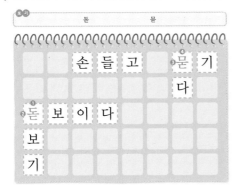

	손	들	고	③묻	기
				다	
②돋	보	이	다		
보					
기					

2 1에서 찾아낸 낱말을 빈칸에 써 봅시다.

① 돋보기 ② 돋보이다 ③ 묻기 ④ 묻다

---

3 정말 열심히 공부했어요. 지금까지 배운 내용을 생각하며 2에서 찾은 말들의 규칙을 스스로 정리해 봅시다.

어떻게 해요?

받침 ㄷ 뒤에 자음자 ㄱ, ㄷ, ㅂ, ㅅ, ㅈ이 오면 소리를 편하게 내기 위해서 [ㄲ, ㄸ, ㅃ, ㅆ, ㅉ]로 강하게 소리 내요. 하지만 쓸 때에는 (원래) 자음자를 써요.

보기 | 원래 | ㄷ | ㄸ |

4 부모님이나 선생님이 불러 주시는 말을 바르게 써 봅시다.

① 차가운 물을 쏟다 .

② 물렁물렁한 떡이 굳다 .

③ 산나물을 뜯다 .

④ 하늘 향해 양팔 뻗기 .

⑤ 숟가락으로 밥을 비비다 .

145

33

38 왜 그럴까요?

ㅂ받침 뒤의 글자가 강하게 소리 나요(입술/입쑬)

1 엄마가 주신 힌트를 소리 내어 읽어 보고, 바른 소리라고 생각하는 쪽의 ( ) 안에 ○표 해 봅시다.

➡ 어느 소리가 더 편하게 느껴지는지 생각하며, 소리 내어 읽어 봅시다.

엄마의 힌트	
	[입쑬] (○) [입술] ( )

---

2 소리 내어 읽고, 소리 나는 대로 [ ] 안에 써 봅시다.

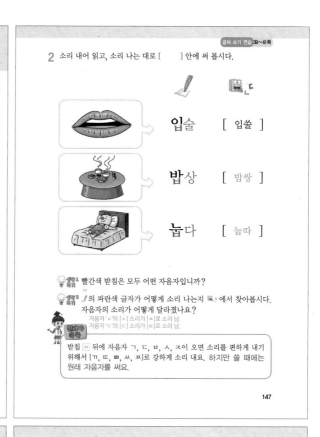

입술 [입쑬]

밥상 [밥쌍]

눕다 [눕따]

💡생각1 빨간색 받침은 모두 어떤 자음자입니까?

💡생각2 의 파란색 글자가 어떻게 소리 나는지 에서 찾아봅시다. 자음자의 소리가 어떻게 달라졌나요?

맞춤법 약속 자음자 'ㅅ'의 [ㅅ] 소리가 [ㅆ]로 소리 남. 자음자 'ㄷ'의 [ㄷ] 소리가 [ㄸ]로 소리 남.

받침 ㅂ 뒤에 자음자 ㄱ, ㄷ, ㅂ, ㅅ, ㅈ이 오면 소리를 편하게 내기 위해서 [ㄲ, ㄸ, ㅃ, ㅆ, ㅉ]로 강하게 소리 내요. 하지만 쓸 때에는 원래 자음자를 써요.

한걸음, 두걸음

ㅂ받침 뒤의 글자가 강하게 소리 나요(입술/입쑬)

1 받침 ㅂ 뒤의 자음자가 강하게 소리 나는 낱말입니다. 빈칸에 따라 써 봅시다.

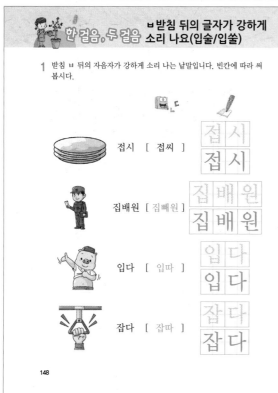

접시 [접씨]
접시
접시

집배원 [집빼원]
집배원
집배원

입다 [입따]
입다
입다

잡다 [잡따]
잡다
잡다

---

2 소리 내어 읽고, 바르게 쓴 것을 선으로 이어 봅시다.

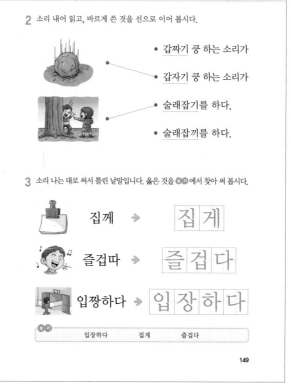

• 갑짜기 쿵 하는 소리가
• 갑자기 쿵 하는 소리가
• 술래잡기를 하다.
• 술래잡끼를 하다.

3 소리 나는 대로 써서 틀린 낱말입니다. 옳은 것을 보기에서 찾아 써 봅시다.

집께 ➡ 집게

즐겁따 ➡ 즐겁다

입짱하다 ➡ 입장하다

보기		
입장하다	집게	즐겁다

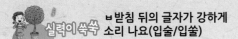
실력이 쑥쑥 ㅂ받침 뒤의 글자가 강하게 소리 나요(입술/입쑬)

1 배운 내용을 생각하며, 틀린 글자를 바르게 고쳐 써 봅시다.

짐을 무겁께 들고
짐을 [무][겁][게] 들고

정말 반갑꾸나!
정말 [반][갑][구][나]!

쉽꼬 신나는 퍼즐
[쉽][고] 신나는 퍼즐

이 옷은 입끼 어려워.
이 옷은 [입][기] 어려워.

150

---

2 또바기의 일기를 읽고, 틀린 부분을 찾아 ○표 하고 바르게 고쳐 써 봅시다.

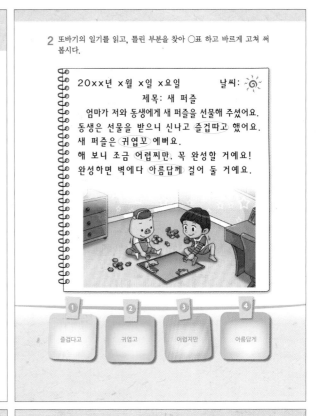

20××년 ×월 ×일 ×요일   날씨: ☼
제목: 새 퍼즐
엄마가 저와 동생에게 새 퍼즐을 선물해 주셨어요.
동생은 선물을 받으니 신나고 즐겁따고 했어요.
새 퍼즐은 귀엽꼬 예뻐요.
해 보니 조금 어렵찌만, 꼭 완성할 거예요!
완성하면 벽에다 아름답께 걸어 둘 거예요.

①	②	③	④
즐겁다고	귀엽고	어렵지만	아름답게

더 나아가기 ㅂ받침 뒤의 글자가 강하게 소리 나요(입술/입쑬)

1 다음은 '밥'과 연결하여 새로운 낱말을 만들 수 있는 낱말들입니다.
바르게 쓴 낱말이 되도록 선으로 이어 보세요.

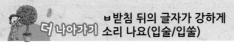

밥

공기   공기   상   쌍   주걱   쭈걱

2 1에서 찾아낸 낱말을 빈칸에 써 봅시다.

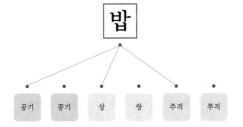

밥공기   밥상   밥주걱

152

---

3 정말 열심히 공부했어요. 지금까지 배운 내용을 생각하며 2에서 찾은
낱말들의 규칙을 스스로 정리해 봅시다.

받침 ㅂ 뒤에 자음자 ㄱ, ㄷ, ㅂ, ㅅ, ㅈ이 오면 소리를 (편하게)
내기 위해서 [ㄲ, ㄸ, ㅃ, ㅆ, ㅉ]로 강하게 소리 내요. 하지만
쓸 때에는 원래 자음자를 써요.

보기		
ㅃ	편하게	ㅂ

4 부모님이나 선생님이 불러 주시는 말을 바르게 써 봅시다.

① 압정에 손이 찔리다   .

② 손을 꽉 잡다   .

③ 엄마를 돕다   .

④ 풍선은 가볍다   .

⑤ 집배원 아저씨가 주신 편지

153

35

39 왜 그럴까요?
ㄴ, ㄹ, ㅁ, ㅇ받침 뒤의 글자가 강하게 소리 나요(잠자리/잠짜리)

1 엄마와 뚱바기가 말하는 것이 왜 달랐을지 생각해 봅시다.

엄마 [잠자리]가 불편해요.

잠자리? 잠자리가 어디 있니?

저기……

아이쿠, [잠짜리] 말이구나!

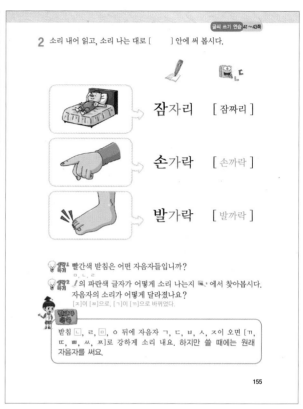

글씨 쓰기 연습 41~43쪽

2 소리 내어 읽고, 소리 나는 대로 [ ] 안에 써 봅시다.

잠자리　[잠짜리]

손가락　[손까락]

발가락　[발까락]

빨간색 받침은 어떤 자음자들입니까?
ㄴ, ㅁ, ㄹ

의 파란색 글자가 어떻게 소리 나는지 에서 찾아봅시다. 자음자의 소리가 어떻게 달라졌나요?
[ㅈ]이 [ㅉ]으로, [ㄱ]이 [ㄲ]으로 바뀌었다.

알맹이가 쏙쏙
받침 ㄴ, ㄹ, ㅁ, ㅇ 뒤에 자음자 ㄱ, ㄷ, ㅂ, ㅅ, ㅈ이 오면 [ㄲ, ㄸ, ㅃ, ㅆ, ㅉ]로 강하게 소리 내요. 하지만 쓸 때에는 원래 자음자를 써요.

155

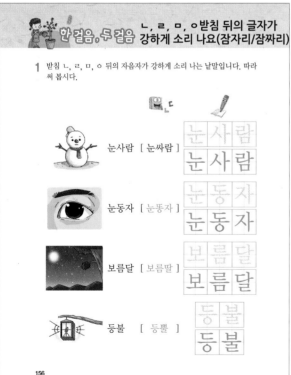

한 걸음, 두 걸음
ㄴ, ㄹ, ㅁ, ㅇ받침 뒤의 글자가 강하게 소리 나요(잠자리/잠짜리)

1 받침 ㄴ, ㄹ, ㅁ, ㅇ 뒤의 자음자가 강하게 소리 나는 낱말입니다. 따라 써 봅시다.

눈사람 [눈싸람]
눈 사 람
눈 사 람

눈동자 [눈똥자]
눈 동 자
눈 동 자

보름달 [보름딸]
보 름 달
보 름 달

등불 [등뿔]
등 불
등 불

156

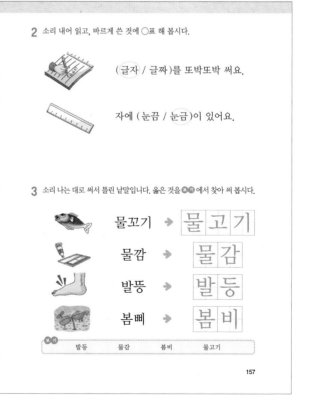

2 소리 내어 읽고, 바르게 쓴 것에 ○표 해 봅시다.

(글자 / 글짜)를 또박또박 써요.

자에 (눈끔 / 눈금)이 있어요.

3 소리 나는 대로 써서 틀린 낱말입니다. 옳은 것을 보기에서 찾아 써 봅시다.

물꼬기 → 물고기

물깜 → 물감

발뜽 → 발등

봄삐 → 봄비

보기　발등　물감　봄비　물고기

157

실력이 쑥쑥 ㄴ, ㄹ, ㅁ, ㅇ받침 뒤의 글자가 강하게 소리 나요(잠자리/잠짜리)

1 배운 내용을 생각하며, 틀린 글자를 바르게 고쳐 써 봅시다.

아침빱을 먹어요.
아침밥을 먹어요.

길까에서 뛰지 말아요.
길가에서 뛰지 말아요.

실쩨로 보니 더 크네!
실제로 보니 더 크네!

열씸히 노력해요.
열심히 노력해요.

158

---

2 또바기의 일기를 읽고, 틀린 부분을 찾아 ○표 해 봅시다.

> 20xx년 x월 x일 x요일   날씨: ☼
> 제목: 밤새 내린 눈
> 아침에 일어나니 눈이 내렸어요. 모도리와
> 운동장으로 달려갔어요.
> 손빠닥 위에 눈을 올렸어요.
> 하얀 눈 위에 손까락으로 그림을 그렸어요.
> 발짜국도 찍으며 놀았어요. 정말 즐거운 하루였어요.
>

3 2에서 ○표 한 말이 들어 있는 문장을 바르게 고쳐 써 봅시다.

① 손바닥 위에 눈을 올렸어요 .

② 손가락으로 그림을 그렸어요 .

③ 발자국도 찍으며 놀았어요

159

더 나아가기 ㄴ, ㄹ, ㅁ, ㅇ받침 뒤의 글자가 강하게 소리 나요(잠자리/잠짜리)

1 그림에 알맞은 문장이 되도록 바르게 고쳐 써 봅시다.

웅덩이를 넘따가
넘어지다.
↓
웅덩이를 넘다가
넘어지다.

물쏙에 빠진 도끼
↓
물속에 빠진 도끼

160

---

2 정말 열심히 공부했어요. 지금까지 배운 내용을 생각하며 1에서 찾은 낱말들의 규칙을 스스로 정리해 봅시다.

 어떻게 공부할까요

받침 ㄴ, ㅁ, ㄹ, ㅁ 뒤에 자음자 ㄱ, ㄷ, ㅂ, ㅅ, ㅈ이 오면 [ㄲ, ㄸ, ㅃ, ㅆ, ㅉ]로 강하게 소리 내요. 하지만 쓸 때에는 원래 자음자를 써요.

보기	ㅆ	ㅁ	ㅇ	ㅅ

3 부모님이나 선생님이 불러 주시는 말을 바르게 써 봅시다.

① 엄마가 싼 김밥

② 새 신을 신고

③ 또박또박 글자 쓰기

④ 눈을 감고 상상해 보아요 .

⑤ 용돈을 받아서 샀어요

161

37

메모

메모

메모